Sammlung Vandenhoeck

V&R

Thomas Auchter/Laura Viviana Strauss

Kleines Wörterbuch der Psychoanalyse

2., überarbeitete Auflage

Vandenhoeck & Ruprecht

Bibliografische Informationen Der Deutschen Bibliothek

Die Deutsche Bibliothek verzeichnet diese Publikation
in der Deutschen Nationalbibliografie;
detaillierte bibliografische Daten sind im Internet
über ‹http://dnb.ddb.de› abrufbar.

ISBN 3-525-01453-8

Umschlagabbildung: Werner Reuber, *Eierschlaf,*
Kaltnadelradierung, 1992

© 2003, 1999 Vandenhoeck & Ruprecht in Göttingen. –
http://www.vandenhoeck-ruprecht.de
Printed in Germany. – Alle Rechte vorbehalten. Das Werk einschließlich aller seiner Teile ist urheberrechtlich geschützt. Jede
Verwertung außerhalb der engen Grenzen des Urheberrechtsgesetzes
ist ohne Zustimmung des Verlages unzulässig und strafbar. Das gilt
insbesondere für Vervielfältigungen, Übersetzungen, Mikroverfilmungen und die Einspeicherung und Verarbeitung in elektronischen
Systemen.
Satz: Fotosatz 29b, Göttingen
Schrift: Walbaum
Druck und Bindung: Hubert & Co., Göttingen

Inhalt

Für wen ist dieses Buch? 7

Kurzer Abriß der Psychoanalyse 11

Wörterbuch 29

Literaturhinweise 181

Stichwortregister 187

Für wen ist dieses Buch?

Unser kleines psychoanalytisches Wörterbuch ist für alle gedacht, die ein Interesse an der Psychoanalyse haben, und auch für diejenigen, die im Rahmen ihrer Ausbildung oder ihres Berufs einen ersten Eindruck von ihr gewinnen möchten.

Mit unserem Wörterbuch wollen wir auch und gerade dem interessierten Laien ein Rüstzeug an die Hand geben, das psychoanalytische Vokabular besser und klarer zu verstehen. In diesem Sinne ergänzt es die bereits veröffentlichten psychoanalytischen Wörterbücher, die sich in erster Linie an die Fachkollegen richten. Die Psychoanalyse gehört zu den prägenden geistigen Einflüssen des 20. Jahrhunderts. Sie hat nicht nur die Psychotherapie, sondern auch die Geistes- und Sozialwissenschaften beeinflußt und sich auf Literatur und bildende Kunst ausgewirkt. Viele ihrer Konzepte und Begriffe sind – häufig unbemerkt – in den Sprachschatz der Allgemeinheit übergegangen. Bei dieser an sich begrüßenswerten Verbreitung psychoanalytischen Denkens sind allerdings Verwässerungen und Mißdeutungen nicht ausgeblieben. Das könnte unter anderem damit zusammenhängen, daß die Psychoanalyse, wie jede andere Wissenschaft auch, in der vielleicht schwer vermeidbaren Gefahr steht, sich durch eine unumgängliche eigenwillige Wissenschaftssprache vom allgemeinen Sprachgebrauch zu entfernen und sich in einen fachlichen Elfenbeinturm zurückzuziehen. Besonders der Begründer der Psychoanalyse, Sigmund Freud, suchte durch seine Begriffsbildungen Anschluß an die damals vorherrschenden naturwissenschaftlichen Vorstellungen in der Medizin und der experimentellen Psychologie. Darüber hinaus füllte er bestimmte allgemein gebräuchliche Begriffe mit sehr eigenständigen Inhalten, die die Besonderheit des psychoanalytischen Zugangsweges zum Seelenleben zum Ausdruck bringen. Das daraus entstandene psychoanalytische Begriffsgebäude erleichtert – wie jede Fachsprache – zwar die Verständigung unter den Fachleuten, birgt aber die Gefahr, andere vom Verstehen auszuschließen.

Die Psychoanalyse als eigenständige humanwissenschaftliche Disziplin ist jedoch eine offene Wissenschaft, für die es keinen Grund gibt, sich dem kritischen Dialog zu entziehen. Wenn sie weiterhin durch den Austausch mit anderen lebendig bleiben will, darf sie sich nicht durch ihre Sprache isolieren, sondern muß sich darum bemühen, ihre nicht leicht zu vermittelnden Konzepte verständlich zugänglich zu machen.

Da mit »Psychoanalyse« heute eine Vielfalt von Theorien, Positionen und Schulen bezeichnet wird, erscheint es uns notwendig, unseren eigenen psychoanalytischen Standort kurz zu skizzieren. Wir verstehen unter Psychoanalyse in diesem Buch das theoretische und therapeutische Wissenschaftsgebäude, das von Sigmund Freud in der ersten Hälfte unseres Jahrhunderts begründet wurde. Es befindet sich seitdem in ständiger Entwicklung und Erweiterung. Deshalb bemühen wir uns, in unseren Begriffserklärungen sowohl der klassischen Begriffsentwicklung gerecht zu werden als auch den Vorstellungen der modernen psychoanalytischen Theoriebildung und Behandlungstechnik den gebührenden Raum zu verschaffen. Selbstverständlich ist schon die Auswahl der Stichwörter des Wörterbuchs abhängig von den wissenschaftlichen und persönlichen Orientierungen der Autoren.[1] Wir sind uns auch der prinzipiellen und unvermeidlichen Subjektivität und Begrenztheit unserer Begriffsauslegung bewußt. Denn es wäre eine vermessene Illusion, daß wir der Vielgestaltigkeit der Theorien heutiger Psychoanalyse umfassend und vollkommen gerecht werden könnten.

---

1 Wenn wir aus sprachökonomischen Gründen in diesem Buch durchgängig die männliche Form benutzen, so sind dabei immer die Frauen mit eingeschlossen.

Wir wissen auch, daß wir mit unserem kleinen Wörterbuch im wesentlichen nur eine begrenzte, nämlich intellektuelle Information über Psychoanalyse vermitteln können. Das *sinnliche* Erleben der Wirksamkeit zum Beispiel des Unbewußten oder der Übertragung bleibt weitgehend gebunden an den lebendigen Austausch und die emotionale Erfahrung in der konkreten Begegnung zwischen einem Analytiker und einem Analysanden.

Durch die *Querverweise* zwischen den Stichwörtern wollen wir ein erstes Gespür für das komplexe Gesamtgefüge der psychoanalytischen Theoriebildung wecken. Dazu haben wir dem Wörterbuchteil auch einen kurzen *Abriß der Psychoanalyse* vorangestellt. So kann dieses Wörterbuch ebenfalls für diejenigen interessant werden, die sich aus Gründen ihres Berufs oder ihrer Ausbildung einen ersten Überblick über die Psychoanalyse oder die psychoanalytisch begründete Psychotherapie verschaffen möchten.

Aufgrund seiner hohen Verdichtung verlangt unser kurzer Abriß der Psychoanalyse dem Leser einiges an Konzentration und Aufnahmebereitschaft ab. In diesem Einführungsabschnitt war es zudem ein ebenso unvermeidliches wie unlösbares Problem, schon ein ganze Reihe von Begriffen verwenden zu müssen, die dann erst im folgenden Wörterbuchteil näher erklärt werden können. Wir hoffen, daß wir unserem angestrebten Ziel einer eingängigen und verstehbaren Sprache im Wörterbuchabschnitt nahegekommen sind und den Leser damit für seine Anstrengungen im einführenden Teil entschädigen können.

Die Anfänge des Wörterbuchs gehen auf eine Arbeitsgruppe zwischen Psychoanalytikern und Journalisten zum Thema »Fremdenfeindlichkeit« zurück. In deren Verlauf wurde unübersehbar, wie sehr sich die Sprache der Psychoanalyse vom allgemeinen Sprachgebrauch entfernt hatte und damit für viele Teilnehmer der Arbeitsgruppe nicht mehr zugänglich war. Zur Wiederherstellung der Dialogfähigkeit war es unumgänglich, bedeutsame psychoanalytische Begriffe in eine allgemein verstehbare Sprache zu übersetzen. Vielleicht ist es in diesem Zusammenhang kein Zufall, daß wir Autoren ursprünglich aus zwei recht unterschiedlichen Kultur- und Sprachräumen stammen und es beim Schreiben außerdem immer wieder notwendig war, unsere zum Teil unterschiedlichen theoretischen psychoanalytischen Orientierungen miteinander zu vermitteln. Zudem haben wir es durch unsere tägliche psychotherapeutische Tätigkeit und unsere Funktionen als Ausbilder fortwährend mit Übersetzungsarbeit, Vermittlungsaufgaben und Brückenschlagen zu tun, eben mit dem Bemühen um »Verständlichmachen«. Das ist auch das Kernanliegen unseres Wörterbuchs.

Um ein ungeschmälertes Lesevergnügen zu bieten, haben wir weitgehend auf das Nennen von Autorennamen und auf lange Zitate verzichtet. Für die umfassender interessierten Leser haben wir am Ende ein ausführliches Literaturverzeichnis angeschlossen.

Wir danken all denjenigen herzlich, die sich der Mühe unterzogen haben, verschiedene Fassungen unseres Manuskripts durchzuarbeiten, und die uns durch kritische Anmerkungen und Anregungen weitergeholfen haben.

Wir würden uns darüber freuen, festzustellen zu können, daß es uns gelungen ist, die Begriffe der Psychoanalyse verständlich und interessant zugänglich gemacht zu haben. Für jede Resonanz sind wir dankbar.

Kontaktanschriften der Verfasser:
Dipl. Psych. Thomas Auchter,
Lütticher Straße 281, D-52074 Aachen.

Liz. in Psych. Laura Viviana Strauss,
Robert-Stolz-Straße 7, D-40470 Düsseldorf.

Kurzer Abriß der Psychoanalyse[1]

Die Psychoanalyse ist eine von dem Nervenarzt Sigmund Freud Ende des 19. Jahrhunderts in Wien begründete und seitdem ständig weiterentwickelte eigenständige Disziplin der Humanwissenschaften. Die unaufhörliche Weiterentwicklung wird schon im Werk von Freud selbst sichtbar, der lebenslang seine Konzepte und Theorien vorantrieb, ausbaute und, wenn nötig, revidierte.

Die Psychoanalyse verfügt über eine besondere eigene *Untersuchungsmethode*, eine differenzierte *Persönlichkeits- und Entwicklungspsychologie* (Metapsychologie), eine daraus abgeleitete umfassende *Krankheitslehre* und schließlich eine *Behandlungsmethode*, die in den verschiedenen Formen psychoanalytischer Psychotherapie ihre Anwendung findet.

Als *Tiefenpsychologie* interessiert sich die Psychoanalyse für das individuelle, immer auch gesellschaftlich geprägte *Unbewußte* im Menschen. Es bestimmt wesentlich die Wahrnehmung, die Interpretation und den Umgang des Individuums mit sich selbst und seiner Mitwelt.

Die Psychoanalyse fragt nach dem »Warum« und dem »Wozu« menschlichen Erlebens und Verhaltens. Dabei bleibt sie nicht, wie ihr bisweilen kritisch unterstellt wird, bei der Aufarbeitung der vor allem kindlichen unbewältigten Erlebnisse stehen. Sie untersucht ebenso deren bedeutsame Bezüge in den gesamten lebensgeschichtlichen und auch aktuellen Erfahrungen und ihre Auswirkungen auf die Zukunftsgestaltung. Sie sensibilisiert den Menschen dafür,

---

1 Vgl. gleichnamiger Titel von Sigmund Freud, Kurzer Abriß der Psychoanalyse, 1924f.

in einer »unendlichen Analyse« das heißt, einem fortwährenden Fragen und Nachdenken, dem Sinn und der Bedeutung seines Handelns und Lebens forschend auf die Spur zu kommen. Insofern ist die Psychoanalyse eine Form der unaufhörlichen Wahrheitssuche, wie Freud es formulierte. Heute sprechen wir eher von einem fortwährenden Bemühen um Erkenntnis und einem nicht endenden Fragen nach dem Sinngehalt von Erleben und Verhalten. Darin liegt die emanzipatorische Funktion der Psychoanalyse.

Indem sie sich bemüht, individuelle und kollektive Selbsttäuschungen, Täuschungen, Illusionen und Wahrnehmungsverzerrungen aufzudecken, hilft sie den Menschen, Berührung mit ihren Tiefen und Untiefen zu finden. Sie ist in diesem Sinne auch ruhestörend und unbequem. Sie muß deshalb immer mit Widerständen und Ablehnung rechnen. Sie sind jedoch zunächst einmal als individuelle oder kollektive Schutzreaktion anzusehen, da die psychoanalytische Untersuchung nicht darum herumkommt, das immer unvollkommene, provisorische und labile Gleichgewicht zu erschüttern, das jeder Mensch wie auch die Gesellschaft ständig herzustellen und zu bewahren bemüht ist.

Psychoanalyse als wissenschaftliche Untersuchungsmethode

Das Erkenntnisziel der psychoanalytischen Untersuchung ist das Verstehen vor allem der unbewußten Bedeutungen von emotionalen Erfahrungen, Interaktionen, Gedanken, Reden, Handlungen und bildlichen Vorstellungen (beispielsweise: Träume, Fehlleistungen, Phantasien, Wahnvorstellungen, künstlerische Produkte). Soweit sie sich in gleicher Weise auf gesellschaftliche Phänomene bezieht (zum Beispiel: kollektive Wertvorstellungen, gesellschaftliche Strömungen, Zeitgeist), ist die Psychoanalyse auch eine Kulturtheorie beziehungsweise kulturkritisch.

Die psychoanalytische Untersuchung besteht in einer besonderen Form der Begegnung zwischen Menschen. Sie ist in erster Linie ein Gespräch, allerdings eines mit bestimmten Spielregeln, das sich von der gewöhnlichen Kommunikation unterscheidet. Durch die psychoanalytische *Grundregel* wird der Analysand angeregt, alles, was er spürt, was er fühlt und was ihm einfällt – sei es ihm auch unangenehm, peinlich oder erscheine es ihm unangemessen und unwichtig – möglichst unausgewählt und unzensiert zu äußern. Der Psychoanalytiker versucht, diesen *freien Assoziationen* mit *gleichschwebender Aufmerksamkeit* zu begegnen; das bedeutet, daß nichts a priori bevorzugt, gewichtet oder bewertet wird. Indem sich der Analytiker so in eine Befindlichkeit größtmöglicher Offenheit seines Fühlens, Denkens und Wissens begibt, bemüht er sich, der unbewußten Aktivität des Analysanden und seiner selbst möglichst freien Raum zu eröffnen. Die Freiheit der Einfälle des Analysanden ist allerdings begrenzt durch die Spannung zwischen vielen Faktoren. Dazu zählen: sein Leidensdruck, seine Wünsche nach Selbstäußerung, sein Bedürfnis nach Selbstverborgenheit, seine Übertragung, sein Widerstand und das Bestreben, sein mühsam errungenes seelisches Gleichgewicht zu bewahren.

So sehr sich ein Analytiker auch bemühen mag, seinem Analysanden mit aufmerksamer Zurückhaltung *(Abstinenz)* zu begegnen, so unvermeidlich ist es, daß er zum Beispiel durch sein Alter, sein Geschlecht, die Einrichtung seiner Praxis, seine Art zu sprechen und vieles andere mehr seinen Analysanden beeinflußt. Umgekehrt löst jeder Analysand eine Fülle innerer Bewegungen im Analytiker aus. Zu dessen ständiger Aufgabe gehört es deshalb, seine *Gegenübertragung*, das heißt: seine seelische Reaktion auf die Übertragungsangebote des Patienten, von seiner unausweichlichen eigenen Übertragung auf seine Analysanden zu differenzieren und letztere durch Reflexion so weit wie möglich zu erkennen.

Übertragung ist eine in allen Beziehungen – also auch in allen psychotherapeutischen Beziehungen jeder Therapierichtung – wirksame Erscheinung. Man versteht darunter, daß eine aktuelle Erfahrungssituation unbewußt nach dem Muster einer früheren interpretiert wird. Im pathologischen Fall heißt das, daß ein Patient die Gegenwart entsprechend seiner Vergangenheit mißversteht (Ralph Greenson), an die er fixiert ist. Der Analytiker nimmt als Übertragungsleinwand in den Phantasien des Analysanden bestimmte Rollen früherer Beziehungspersonen ein oder repräsentiert Selbst-Anteile des Analysanden. In den Übertragungs-Gegenübertragungs-Szenen zwischen beiden, also den zunächst größtenteils unbewußten wechselseitigen Rollenerwartungen und -zuweisungen, leben alte, vor allem unbewältigte und ungelöste Beziehungskonstellationen wieder auf.

Der spezifischen Beziehung zwischen Analytiker und Analysand wurde im Lauf der Entwicklung der Psychoanalyse immer mehr Bedeutung zuerkannt. In der therapeutischen Praxis kommt das darin zum Ausdruck, daß die Beziehung zwischen beiden als mögliche Ausdrucksgestalt der unbewußten Beziehungskonflikte und -konstellationen des Patienten Berücksichtigung findet. Der *hilfreichen Beziehung* als therapeutisches Instrument wird immer mehr Bedeutung zuerkannt.

Als *Widerstand* werden all die unbewußten Kräfte und Abwehrmechanismen bezeichnet, die sich dem Bewußtwerden des *Verdrängten* entgegenstellen. Die im eben dargestellten Sinne »freien« Einfälle des Patienten erweisen sich nicht als zufällig, sondern zeigen die »determinierende Ordnung« des Unbewußten auf. »Determinismus« bedeutet in psychoanalytischer Sichtweise, daß »alles seinen Sinn hat« und die psychische Gegenwart von der individuellen und kollektiven Erfahrungsvergangenheit mitgeprägt wird. Dementsprechend besteht die Aufgabe der Psychoanalyse darin, im »Kampf um die Erinnerung« (Alexander Mitscherlich) gegen unbewußte Widerstände die unbewußten lebensgeschichtlichen Sinn- und Bedeutungszusammenhänge im aktuellen Erleben und Verhalten erkennbar zu machen, zu rekonstruieren und zu deuten. Als Erlebens-, Denk- und Sprechgemeinschaft stellt ein psychoanalytischer Prozeß wesentlich einen Versuch der Wahrnehmungserweiterung und Wahrnehmungsveränderung dar.

Das wichtigste Instrument der psychoanalytischen Untersuchung ist der aufmerksam-beteiligte Psychoanalytiker selbst in seiner Zurückhaltung und einem produktiven Zugang zu seinem Vorbewußten und Unbewußten. Neben einer langjährigen theoretischen und praktischen Weiterbildung hat er vor allem eine mehrjährige persönliche Lehranalyse absolviert, um sich auf diese Aufgabe vorzubereiten. Der Analytiker versucht, die Phänomene, mit denen er umgeht, möglichst offen empathisch aufzunehmen, sie identifikatorisch nachzuerleben und durch verstehende Reflexion auch gedanklich einzuordnen.

In den Träumen, Fehlleistungen, Symptomen und anderen seelischen Produktionen der Menschen und in den Einfällen des Analysanden begegnen dem Analytiker die unbewußten Inhalte vorwiegend in verzerrter, verschobener und verdichteter Form, in symbolischer Darstellung. Sie bedürfen also einer Interpretation. In ähnlicher Weise wie den freien Assoziationen der Patienten wendet sich die psychoanalytische Untersuchung auch der tiefenpsychologischen Interpretation von Dichtungen, religiösen oder mythologischen Schöpfungen und anderen kollektiven und gesellschaftlichen Phänomenen zu.

Schließlich macht sich die Psychoanalyse seit ihren Anfängen als Wissenschaft fortlaufend selbst zum Gegenstand ihrer Analyse (beispielsweise in der Theoriebildung oder bezüglich behandlungstechnischer Weiterentwicklungen). Dazu setzt sie neben ihrem eigenen Untersuchungsinstrument auch andere, zum Beispiel empirische Methoden ein, ohne sich allerdings dem wissenschaftlichen Zeitgeist der Quantifizierbarkeit völlig zu unterwerfen. Mittlerweile liegen eine Fülle von empirisch-wissenschaftlichen Belegen für die Bedeutsamkeit bestimmter psychoanalytischer Konzepte und die Effizienz psychoanalytischer Behandlungen vor.

Die Metapsychologie der Psychoanalyse

Die psychoanalytische Theorie ist ein komplexes System von Hypothesen über die Funktionsweisen und die Entwicklung der Seele. Dabei geht es zwar stets um den einzelnen, jedoch immer in seinem sozialen Kontext. Da sich unbewußte Inhalte wie auch andere seelische Phänomene in der Regel nicht direkt beobachten lassen, sind Modellvorstellungen und hypothetische Konstrukte unumgängliche Voraussetzungen und Hilfsinstrumente für das Erfassen seelischer Wirklichkeiten. Durch ständige Wechselwirkungen mit klinischen Erfahrungen und unter Einbeziehung der Forschungsergebnisse von Nachbardisziplinen (zum Beispiel: Bindungstheorie, Familientherapie, Hirnforschung, Konstruktivismus, Neurobiologie, Säuglingsforschung) entwickeln sich die Denkmodelle der Psychoanalyse ununterbrochen weiter. So ist die psychoanalytische *Metapsychologie* als Gesamtheit der theoretischen Vorstellungen kein in sich geschlossenes System. Zudem wird das Menschenbild und die »Weltanschauung« der Psychoanalyse noch einmal durch die individuellen anthropologischen Grundannahmen jedes einzelnen Psychoanalytikers modifiziert. Deswegen ist es eigentlich auch unmöglich, von »der Psychoanalyse« zu sprechen. Der amerikanische Psychoanalytiker Fred Pine hat kürzlich »vier Psychologien der Psychoanalyse« unterschieden: die *Trieb-Psychologie,* die *Ich-Psychologie,* die *Selbst-Psychologie* und die *Objektbeziehungs-Psychologie.* Sie lassen sich nicht bruchlos miteinander vermitteln; als Gesamt stellen sie jedoch die zur Zeit bedeutsamsten psychoanalytischen Zugangswege zum seelischen Geschehen dar.

Im folgenden geben wir einen knappen historischen Überblick über verschiedene Modellvorstellungen der Psychoanalyse:

In einem ersten räumlichen, »*topischen*« *Vorstellungsmodell* unterschied Freud zwischen *Bewußtem, Vorbewußtem* und *Unbewußtem.* Während das Vorbewußte (das Unbemerkte, das Automatische und das latent Bewußte) relativ leicht dem Bewußtsein zugänglich werden kann, setzt das eigentliche oder dynamisch Unbewußte dem Bewußtwerden Widerstand entgegen. Die Funktionsweisen des Unbewußten werden als primärprozeßhaft bezeichnet. Damit ist gemeint, daß die gewöhnlich gültigen Orientierungen in Raum und Zeit entfallen, Widersprüche unvermittelt nebeneinander existieren können, Teile für das Ganze stehen können, Verschiebungen vorkommen oder Komplexe verdichtet werden können. Jede rationale Logik ist ausgeschaltet. Träume werden zum Beispiel mittels solcher primärprozeßhafter Denkvorgänge gestaltet. Das Unbewußte ist – wenn überhaupt – immer nur in sehr eng begrenztem Ausmaß bewußt zu machen, wirkt sich jedoch gravierend auf das Verhalten und Erleben und die Beziehungsgestaltung des Subjekts aus.

Das *dynamische* oder *ökonomische Modell* erfaßt, daß im Seelenleben Kräfte und Antriebe am Werk sind (Bedürfnisse, Wünsche, Affekte, Empfindungen, Energien, Impulse), die bestimmten Gesetzmäßigkeiten unterliegen. Es betont vor allem die Prägung des Erlebens und Verhaltens durch *Triebe* oder Motivationssysteme (zum Beispiel Sexualität, Aggression, Narzißmus). Freud stellte das Lustprinzip (Streben nach Lust und Vermeiden von Unlust) dem Realitätsprinzip (Fähigkeit zum Aufschub von Befriedigung und Verzicht) gegenüber. Die moderne Ich-Psychologie hat daneben das Sicherheitsprinzip (Streben nach Sicherheit und Wohlbefinden im narzißtischen Gleichgewicht) und die intersubjektive Theorie (Jessica Benjamin) das Prinzip wechselseitiger Spiegelung und Anerkennung als grundlegende Regulationsprinzipien psychischen Geschehens herausgestellt.

Im *Struktur-* oder *Instanzenmodell* werden drei seelische Bereiche voneinander abgegrenzt und in ihrer dynamischen Interaktion untersucht: das *Ich*, das *Es* und das *Über-Ich* (mit dem *Ich-Ideal*). Das von der Ich-Psychologie differenziert erforschte und beschriebene Ich dient mit seinen Regulations-, Bewältigungs-, Anpassungs- und Abwehrmechanismen der Organisation, Steuerung, Kontrolle und der Vermittlung und Koordinierung der Instanzen (innere Realität) mit der Mitwelt (äußere Realität).

Im Es werden neben angeborenen Anteilen insbesondere

die Triebe, Bedürfnisse und Grundaffekte und das aus dem Bewußtsein Verdrängte lokalisiert. Das Es wird bisweilen mit dem Unbewußten gleichgesetzt.

Das Über-Ich umfaßt vor allem die während der Entwicklung verinnerlichten moralischen Forderungen, Vorschriften und Verbote der Mitwelt, während im Ich-Ideal die Gebote, Ideal- und Wertvorstellungen angesiedelt werden. Das Über-Ich hat unter anderem die Funktionen des Gewissens und der Selbstbeobachtung (Freud), wirkt ich-unterstützend und haltgebend, aber auch als Richter, Kritiker und Zensor. Sowohl das Ich als auch das Über-Ich bestehen zum Teil aus unbewußten Bereichen.

Unter *genetischer* Betrachtung (als *Entwicklungspsychologie*) untersucht die Psychoanalyse, wie in den verschiedenen Entwicklungsabschnitten (zum Beispiel vorgeburtliche Zeit, Geburt, Säuglingszeit, Frühkindheit, Kindheit, Latenzzeit, Pubertät, Adoleszenz, Erwachsenenalter, Alter) in den Selbst- und Objektbeziehungen phasenspezifische psychosoziale Entwicklungsherausforderungen und Krisen durchlebt werden. Sie führen je nach ihrem geglückten oder mißglückten Verlauf, ihren gelingenden oder mißlingenden Lösungsversuchen und Lösungen zu bestimmten Identitätsdimensionen (Erik H. Erikson), zur Ich-Reife oder zu seelischen Erkrankungen. Entwicklung ist für die Psychoanalyse seit Freud immer lebensgeschichtliche Einigung zwischen »innerer« (biologischer) und »äußerer« (gesellschaftlicher u. kultureller) Natur im Sinn einer *Ergänzungsreihe*. Das Zusammenwirken angeborener Anteile und einer resonanten (antwortenden) beziehungsweise einer nichtresonanten Mitwelt kann das gegebene Potential eines Individuums entweder zu seiner Entfaltung fördern oder in Richtung einer seelischen Erkrankung stören.

Liegt das Schwergewicht auf der Untersuchung des *intersubjektiven Geschehens* zwischen dem Selbst und seinen Objekten (darunter versteht die Psychoanalyse die bedeutsamen Gegenüber des Subjekts) im Rahmen von Entwicklung, Psychodynamik oder seelischer Erkrankung und Behandlung, werden die *Objektbeziehungs-Psychologie* oder die *interpersonelle Psychoanalyse* bedeutungsvoll. Sie wurzeln in der Grundannahme, daß das psychische Leben wesentlich auf der Verinnerlichung von Erfahrungen und Szenen beruht, die das Subjekt von Beginn an in Verbindung mit seinen bedeutsamen Objekten macht. Die Wahrnehmung und Wirkung äußerer Erfahrungen ist von Anfang an verschränkt mit dem inneren Erleben (Stimmungen, Gefühle, frühe Phantasien).

Soweit sich die psychoanalytische Perspektive mehr auf die Entwicklung des eigenen *Selbst* konzentriert, bekommen die *Theorie des Narzißmus* oder die *Selbst-Psychologie* grundlegende Wichtigkeit. Die Selbst-Psychologie räumt dem Narzißmus eine eigene bedeutsame Entwicklungslinie ein. Als reifere Ausdrucksformen des gesunden Narzißmus gelten zum Beispiel Wissen, Humor und Kreativität. Allerdings wird auch von der Selbst-Psychologie das Subjekt immer in Beziehung zu seinen Selbst-Objekten und Objekten betrachtet.

Sowohl in der Selbst-Psychologie als auch in der Objektbeziehungs-Psychologie sind die emotionale Einfühlung in den Patienten und die personale Resonanz des Psychotherapeuten, das »Prinzip Antwort« (Heigl-Evers u. Heigl), besonders wichtig für die Behandlungstechnik. Die Objektbeziehungs-Psychologie und die Selbst-Psychologie erfahren gegenwärtig auch im Kontext des Perspektivenwechsels hin zur frühkindlichen, sogenannten präödipalen Entwicklung in der psychoanalytischen Forschung und Theoriebildung gesteigertes Interesse.

In der modernen Psychoanalyse setzt sich zunehmend die Vorstellung einer unauflösbaren Verschränkung zwischen der intrasubjektiven und der intersubjektiven seelischen Entwicklung und Dynamik durch.

Zur Krankheitslehre der Psychoanalyse

Vorstellungen über seelisches Kranksein stehen immer in einem Bezug zu den Annahmen über seelische Gesundheit. Die Psychoanalyse sieht den lebendigen und gesunden Menschen als ein Wesen im Widerspruch an, von Geburt an ständig mit dem Bewältigen und Meistern von Entwicklungsherausforderungen und Konflikten befaßt. Er sucht nach Antworten auf seine Fragen und Lösungen für seine Zweifel, ist aber auch in der Lage, zu ertragen, daß manche Fragestellungen offenbleiben müssen, bestimmte Widersprüche nicht auflösbar sind und Paradoxien zum Lebendigsein gehören, ohne darüber in Gleichgültigkeit, Fatalismus oder Zynismus zu verfallen. Erst »am Ende aller Fragen« stellt er sich auf *eine* Seite und ist somit einigermaßen gefeit dagegen, eine Lösung seiner inneren Spannungen darin zu suchen, Einseitigkeiten auf andere zu projizieren und an ihnen zu bekämpfen. Aufgrund seiner Fähigkeit, mit Toleranz auch Ambivalenzen auszuhalten, ist er zudem in der Lage, beherzt gewisse Risiken einzugehen, und er wird fähig zu Kompromissen. Er vermag seine innere Widersprüchlichkeit als positiven Anreiz zur Weiterentwicklung zu verstehen.

Die Psychoanalyse geht davon aus, daß jede psychische und jede psychosomatische Erkrankung einen verborgenen Sinngehalt hat, daß auch das krankhaft eingeschränkte Erleben und Verhalten als innere Kompromißbildung auf dem Hintergrund der lebensgeschichtlichen Erfahrungsvergangenheit des Patienten seine Bedeutung und Funktion hat. Als Konfliktpsychologie betrachtet die Psychoanalyse seelische Krankheiten oder Symptombildungen als Lösungsversuche (»Notlösungen«) für Krisen und Konflikte oder gar Traumatisierungen, die zu einem bestimmten Lebenszeitpunkt nicht anders zu bewältigen waren. Seelische Krankheiten sind in dieser Bewältigungsaufgabe, bisweilen ihrer Überlebensfunktion, oft bewundernswerte kreative Ich-Leistungen. Sie können jedoch zu einem anderen Lebenszeitpunkt anachronistisch und dysfunktional werden, das heißt, ihre ursprüngliche Bestimmung als Lösungs- und Bewältigungsversuch nicht mehr erfüllen und somit Leidensdruck hervorrufen. Das neurotische Verhalten ist vielleicht vergleichbar einem Soldaten, der noch Jahre oder Jahrzehnte nach Kriegsende in seiner Abwehrstellung ausharrt und nach dem Feind Ausschau hält, den es längst nicht mehr gibt. Seelische Erkrankungen und Symptome wurzeln tief in unbewältigten Kindheits- und späteren Lebenskonflikten.

Der Begriff der seelischen »Störung« wird der sinnhaften Funktionalität und Bearbeitungsleistung, die sich im Symptom oder der Erkrankung zeigt, nicht gerecht. Denn er suggeriert vorrangig die Notwendigkeit einer Beseitigung der Störung, ohne den darin enthaltenen Motivierungen und Bewältigungsversuchen hinreichenden Verständnisraum anzubieten und zu gewähren. Der Respekt und die Achtung vor dem jeweiligen So-Sein des Patienten – und sei es noch so krankhaft eingeschränkt – als prinzipiell sinnhaft vermag dagegen auch seinen Gesundungstendenzen und Selbstheilungskräften hinreichenden Raum anzubieten.

Die gesunde wie die kranke Persönlichkeit läßt sich im Rahmen des Strukturmodells durch das funktionale Verhältnis zwischen Ich, Es und Über-Ich und deren Beziehung zur Mitwelt näher bestimmen. Fehl- und Mangelentwicklungen des Ich (Ich-Defekte und Ich-Defizite) und krankheitsbedingte unnötige Energieverschwendungen behindern, ja verhindern seine Kontroll- und Steuerungsaufgaben. Die Hemmung bestimmter Ich-Funktionen (zum Beispiel Realitätsprüfung, Triebregulation, Kompromißbildung) beziehungsweise im anderen Fall ihr unangemessenes Tätigwerden führen zu Selbsttäuschungen und Selbstbehinderungen, ja sie können sogar Krankheiten und Selbstbeschädigungen nach sich ziehen. Die Psychoanalyse geht von einem fließenden Übergang aus, angefangen bei der Meisterung und Bewältigung mit Hilfe der Ich-Funktionen, über eine Lösung vermittels autoplastischer oder alloplastischer Anpassung hin zur Abwehrfunktion der Ich-Leistungen, die sich bei einer Fixierung zu seelischen Krankheiten verdichten können.

Während Freud im »klassischen« Ödipuskomplex (ca. 3. bis 5. Lebensjahr) den Kern der Neurosenentwicklung ansiedelte, sucht die moderne psychoanalytische Forschung nach den Anteilen, die *jede* Phase der seelischen Entwicklung mit ihren spezifischen Krisen, Konflikten und Lösungsversuchen am Zustandekommen seelischer Erkrankungen hat. Dabei hat sich der Forschungsschwerpunkt immer mehr auf die realen Frühbeziehungen des Kindes zu seiner Mutter, seinem Vater und anderen Menschen und auf die frühen *inneren Objekte* verlagert. Damit wurden neben den klassischen Neurosen (zum Beispiel Hysterie, Zwangsneurose, Phobie) auch lebensgeschichtlich früher begründete Erkrankungen wie Psychosen, Narzißtische Störungen, Borderline-Erkrankungen, schwere Persönlichkeitsstörungen und Psychosomatosen einer psychoanalytischen Behandlung zugänglich.

Psychoanalyse als Psychotherapie

Die Aktualität und Bedeutsamkeit der Psychoanalyse als Form der Psychotherapie ergibt sich vor allem aus ihrer hochdifferenzierten und umfassenden Entwicklungs- und Persönlichkeitstheorie und ihrer Krankheitslehre. Kein Psychoanalytiker erhebt den Anspruch, eine Psychotherapie für alle psychischen oder psychosomatischen Erkrankungen anbieten zu können. Auch mit dem Begriff »Heilung« geht der Psychoanalytiker außerordentlich behutsam um. Die Psychoanalyse beansprucht allerdings, einen grundlegenden Beitrag zum Verständnis seelischer Krankheiten und deren Behandlung auch durch andere Psychotherapieverfahren, zum Beispiel als psychoanalytische Supervision in klinischen Einrichtungen, leisten zu können.

Einer psychoanalytischen Therapie voraus gehen ein oder mehrere Vorgespräche, sogenannte klinische *Erstinterviews*. Sie unterscheiden sich von einer medizinischen Anamnese oder psychiatrischen Exploration durch eine absichtsvolle Unstrukturiertheit, die der Entfaltung der psychischen Dynamik des Patienten in der Analysand-Analytiker-Beziehung möglichst großen und freien Spielraum anzubieten versucht. Die Aufmerksamkeit des Psychoanalytikers stellt sich grundsätzlich nicht in erster Linie auf »objektive« Fakten ein, sondern auf die subjektive Bedeutung, die das mit Worten oder mit körperlichen oder gestischen Äußerungen zur Sprache Gebrachte oder das Verschwiegene für die seelische Wirklichkeit besitzt. Die Erstgespräche dienen zum einen der Diagnose und Indikationsstellung, zum Beispiel für die Finanzierung durch eine Krankenkasse. Sie führen andererseits aber auch zu einer »subjektiven« Indikation, mit anderen Worten zur Beantwortung der Frage, ob ein bestimmter Patient oder eine bestimmte Patientin mit einem bestimmten Analytiker oder einer bestimmten Analytikerin in einen produktiven therapeutischen Bearbeitungs- und Veränderungsprozeß einzutreten vermag.

Neben der *klassischen Psychoanalyse* (mehrstündig pro Woche unter Verwendung der Couch) umfaßt das psychoanalytische Behandlungsangebot im ambulanten Rahmen verschiedene Modifikationen. Die *psychoanalytische* und die *psychoanalytisch begründete Psychotherapie* sind durch Veränderungen des »Settings« (zum Beispiel niedrigere Frequenz der Sitzungen, Gegenübersitzen) und methodische Modifikationen charakterisiert. Die *tiefenpsychologisch fundierte Psychotherapie* als psychoanalytisch begründetes Behandlungsverfahren ist eine auf der Psychoanalyse aufbauende, auf bestimmte Konfliktthemen beschränkte und zeitlich begrenzte Therapieform. Sie kann deswegen in qualifiziertester Weise von Psychoanalytikern ausgeübt werden. In den *psychoanalytischen Kurz- oder Fokaltherapien* werden bestimmte Brennpunkte oder Kernkonflikte einer zeitlich und inhaltlich konzentrierten psychotherapeutischen Bearbeitung unterzogen. Die Behandlung von Paaren erfolgt in der *psychoanalytischen Paartherapie,* die Therapie von Gruppen in der *psychoanalytischen Gruppenpsychotherapie* und die von Familien in *psychoanalytisch orientierter Familientherapie.* Auch für *ältere Menschen* sind mittlerweile psychoanalytische Behandlungskonzeptionen entwickelt worden. Schließlich werden psychoanalytische Behandlungstechniken auch *im stationären Rahmen* verwendet.

Jede psychoanalytische Situation ist durch ein bestimmtes *Setting* geprägt. Bei der »klassischen« Psychoanalyse liegt der Analysand möglichst entspannt auf der Couch, der Analytiker sitzt für ihn nicht sichtbar hinter ihm. Diese Anordnung kann das freie Aufsteigen von Einfällen erleichtern, denen der Analytiker mit gleichschwebender Aufmerksamkeit und dem »Hören mit dem dritten Ohr« (Theodor Reik) zu folgen versucht. Für andere Patienten ist es in ihrem Behandlungsprozeß notwendig, dem Psychoanalytiker gegenüber zu sitzen, Blickkontakt mit ihm haben zu können und dadurch hinreichende Sicherheit zu erhalten, sich ihren beängstigenden Gefühlen und Gedanken aussetzen zu können.

Als bedeutsame Voraussetzung einer möglichst freien Entfaltung der Psychodynamik des Patienten betrachtet die Psychoanalyse neben der aufmerksamen Präsenz und Wachheit des Analytikers die weitgehende »Unbeschriebenheit« seiner persönlichen Realität, seiner Einstellungen, Meinungen und Überzeugungen *(Abstinenz, technische Neutralität)*. Sie soll den Patienten vor bewußten und unbewußten Übergriffen des Analytikers bewahren. Allerdings stellen allein schon Geschlecht, Alter, Sprache, Kleidung, Praxiseinrichtung für jeden Patienten Schlüsselreize dar, so daß eine Anonymität oder vollkommene Neutralität nicht möglich ist. Sie wäre auch therapeutisch nicht sinnvoll, da der Analytiker sonst auch in der Gefahr stünde, zu einer »sprechenden Attrappe« (Tilman Moser) zu degenerieren. Die weitgehende Zurückhaltung des Analytikers, seine Abstinenz, soll den Raum und den Weg dafür öffnen, daß sich in die so relativ undefinierte Beziehung zwischen ihm und seinem Patienten unbewußte Erfahrungs-, Verhaltens- und Konfliktmuster einschleichen können *(Übertragung)*. Dadurch wird es möglich, in der lebendigen Gegenwart der psychoanalytischen Situation bis dahin unzugängliche Konfliktzusammenhänge als gefühlshaftes Erlebnis aufkommen zu lassen, so daß Erkenntnisse sich nicht nur als intellektuelles oder rationales Wissen entfalten. Der psychoanalytische Prozeß, der in einer ständigen Spiralbewegung den Kreis von Wiederholen, Erinnern und Durcharbeiten durchläuft, vermag auf diese Weise auch dauerhafte Einsichten zu begünstigen.

Übertragung, Abwehr (Widerstände) und auch *Agieren* werden heute nicht mehr wie anfänglich einfach als Störvariablen einer Psychotherapie betrachtet, sondern als wichtige wirksame und kommunikative Bestandteile der Behandlung. Die psychoanalytische Situation wird immer deutlicher als ein Prozeß des »gegenseitigen« Austauschs zwischen Analytiker und Patient angesehen. Darin spielt die Person des Analytikers als aufmerksam-beteiligtes und reflektierendes Untersuchungsinstrument mit seiner *Gegenübertragung* und seinen eigenen *Übertragungen* auf den Patienten sowie deren Auflösung durch Selbstanalyse eine immer wichtigere Rolle.

Die methodischen Arbeitsinstrumente des Analytikers sind, neben seiner »empathischen Resonanz« und seiner partiellen Übernahme unbewußter Rollenangebote des Analysanden, die Reflexion über die Prozesse, die sich im Hier und Jetzt der Beziehung entfalten, seine *Klarifizierungen* (erklärende Beschreibungen) und *Rekonstruktionen,* sein bedacht eingesetztes *Schweigen* und vor allem seine *Deutungen,* mit denen er auf das szenische Wiederholen und Erinnern antwortet. Mit all dem sucht er den Prozeß des Durcharbeitens von Einsichten zu entwickeln und zu fördern.

Eine psychoanalytische Behandlung ist ein aufwendiges und herausforderndes psychotherapeutisches Verfahren, das sich im Einzelfall über Jahre erstrecken kann. Es behandelt ja auch krankhafte Strukturen, die sich in Jahren und oft Jahrzehnten gebildet haben und deswegen auch jeweils ihrer eigenen Zeit zur Veränderung bedürfen. Die aktuelle Diskussion um eine grundsätzliche Verkürzung psychotherapeutischer Verfahren scheint dem Verständnis der oft langfristigen Entwicklungsgeschichte seelischer Erkrankungen nicht gerecht zu werden. Wenn ausschließlich die kurzfristige Effizienz des psychotherapeutischen Verfahrens in den Vordergrund gestellt wird, steht dahinter möglicherweise die unbewußte Phantasie von einer weitgehenden therapeutischen Verfügungsmacht über die Patienten und einer psychotechnischen Machbarkeit seelischer Veränderungsprozesse. Solchen Größenphantasien stellt sich die Psychoanalyse ausdrücklich entgegen.

Der psychoanalytische Prozeß als Gemeinsamkeit des Fragens und Suchens nach mehr »Wahrheit« ist in erster

Linie ein Vorgang der Selbsterfahrung, Selbstreflexion und Selbstfindung des Analysanden. In einer psychoanalytischen Behandlung wird der Patient als aktiver Mitarbeiter und gestaltendes Subjekt seines eigenen Prozesses verstanden und nicht als »Objekt« der therapeutischen Bemühungen des Analytikers. In diesem Sinne ist eine Psychoanalyse »absichtslos«.

Durch eine Nachreifung in den Selbst- und Objektbeziehungen während einer psychoanalytischen Behandlung wird die Befreiung zu einer größeren *Arbeits-, Genuß- und Liebesfähigkeit* (Freud) durch Veränderungen der Persönlichkeitsstruktur angestrebt. Aber die Psychoanalyse will den Menschen nicht zu einem bestimmten Verhalten bewegen oder erziehen, und es ist auch nicht ihr vorrangiges Anliegen, Symptome zu beseitigen. Insofern sprechen wir von der *Tendenzlosigkeit* der Psychoanalyse. Eine Veränderung der Symptomatik ergibt sich natürlich häufig infolge des analytischen Prozesses. Die Psychoanalyse will dem Analysanden dabei behilflich sein, immer mehr er selbst zu werden, mit anderen Worten, den Freiheitsspielraum seines Handelns zu erweitern. Sie strebt eine Erziehung zur Realität (Freud) an, ohne den *Möglichkeitsraum* der Phantasie, des Spielens und der Entwürfe in ein »Jenseits des Realitätsprinzips« allzusehr einzuschränken. Vielleicht ist es erstrebenswert, wenn jeder Psychoanalytiker auch ein wenig von dem Schicksal des Moses teilen könnte, der Freud so imponierte. Moses konnte sein Volk nur bis an den Rand des gelobten Landes führen. Es mußte dann der Entscheidung des Volkes überlassen bleiben, ob es in das Land gehen wird, wo Milch und Honig fließen, ob es Schwerter zu Pflugscharen umzuschmieden beginnt oder ob es den Tanz ums goldene Kalb wieder aufnehmen will. Dadurch, daß der Analysand sein eigenes Leben aktiver in die Hand nimmt, zur Autorenschaft und größeren Selbstbestimmtheit für sein Handeln befähigt wird, kann er auch mehr Selbstverantwortung übernehmen. Freud vertrat wohl zu Recht die Auffassung, daß es in einer Psychoanalyse unter anderem darum gehe, sich mit individuellen seelischen Beschädigungen auseinanderzusetzen und sie zu betrauern, »neurotisches Elend in allgemeines Leiden« zu verwandeln. Zu einer gelingenden Psychoanalyse gehört dann auch die Befreiung der Fähigkeit zu trauern (Alexander und Margarete Mitscherlich) und zu leiden und die Befähigung zur Angst- und Depressionstoleranz (Elisabeth Zetzel). Psychische Gesundung umfaßt sowohl das passive Annehmen des Unvermeidlichen und Unveränderbaren als auch den Versuch aktiver *Meisterung* des Veränderlichen. Der Nachreifungsprozeß im Rahmen einer Psychoanalyse kann auf diese Weise zu einem veränderten und sich ständig wandelnden seelischen Gleichgewicht führen, zu flexibleren und produktiveren Kompromißbildungen, die wir »Gesundheit« nennen (Mario Muck).

Psychoanalyse als Sozialpsychologie und Kulturtheorie

Die Psychoanalyse beschränkt sich nicht darauf, eine Form der Psychotherapie zu sein, sondern Psychoanalytiker beschäftigen sich in den verschiedensten Bereichen auch mit Anwendungen der Psychoanalyse auf außertherapeutische Verhältnisse.

Von Beginn an betrachtet die Psychoanalyse die Entwicklung des Individuums auch im Kontext seiner Familie und seines gesellschaftlichen und kulturellen Umfelds. Außerdem nimmt sie die wechselseitige Beeinflussung von Individuum und Gruppe, Masse und Gesellschaft und die zwischen dem Subjekt und kulturellen Schöpfungen in den Blick. Insofern sich die gesellschaftlichen und kulturellen Bedingungen als destruktiv für das Individuum erweisen, wird die Kulturtheorie zur Kulturkritik.

Gegenstand psychoanalytischer Gesellschafts- und Kulturtheorie sind beispielsweise intersubjektive, Gruppen- oder Großgruppenkonflikte, gesellschaftliche Entwicklungs- und Entfremdungsprozesse, Institutionen und institutionelle (Abwehr-)Prozesse, Religionen und Ideologiebildungen, Vorurteilserkrankungen, Fragen nach Gewalt, Krieg und Frieden, aber auch kreative Leistungen wie Literatur, Kunst, Film,

Internet und anderes mehr. Damit entspricht die Psychoanalyse dem existentiellen Bedürfnis des Menschen nach Wissensvermehrung. Dieser »Wissenstrieb« wird durch immer vorläufige Wahrheitsfindungen befriedigt. »Die Psychoanalyse begann als eine Therapie, aber nicht als Therapie wollte ich sie Ihrem Interesse empfehlen, sondern wegen ihres Wahrheitsgehalts, wegen der Aufschlüsse, die sie uns gibt über das, was dem Menschen am nächsten geht, sein eigenes Wesen« (Freud 1933a, S. 169).

Wörterbuch

Abstinenz
Bezeichnet eine grundsätzliche technische Haltung des Psychoanalytikers bei der Behandlung. Sie soll der möglichst wenig gestörten Entwicklung und dem weitgehend unverzerrten Verständnis der psychischen Prozesse im Patienten und der Beziehung zwischen Analytiker und Patient dienen. Unmittelbare Wunschbefriedigungen des Patienten und des Therapeuten und beispielsweise Mitteilungen aus dessen persönlichem Leben werden so weit möglich vermieden. Unter anderem dadurch wird ein sicherer Rahmen begründet, innerhalb dessen sich die Übertragung und die Gegenübertragung frei entfalten können und über die psychischen Erfahrungen reflektiert werden kann. Abstinenz bedeutet nicht, wie bisweilen falsch verstanden wird, emotionale oder persönliche Neutralität, sondern das Bewahren des stabilen Behandlungsrahmens.
Siehe auch: Neutralität

Abwehr, institutionalisierte
Die psychische Regulation im Menschen erfolgt nicht nur innerseelisch, zum Beispiel mit Hilfe von Abwehrmechanismen, sondern zum Teil auch durch unbewußte psychosoziale Abwehrarrangements mit Institutionen, Organisationen oder Sozialgebilden wie dem Staat. So kann zum Beispiel die Identifikation mit einem Fußballklub zur Abwehr eigener Minderwertigkeitsgefühle dienen.
Siehe auch: Abwehr, interpersonale

Abwehr, interpersonale
Neben der seelischen Regulation durch intrapsychische

→ Abwehrmechanismen gibt es für das Subjekt auch die Möglichkeit zu interpersonal organisierten Formen neurotischer Abwehr. Diese unbewußten Abwehrarrangements können zum Beispiel zwischen Partnern, zwischen Eltern und Kindern oder zwischen Geschwistern eingerichtet werden. Dabei ziehen unbewußt alle Beteiligten aus der intersubjektiven Abwehrkonstellation Vorteile. In einer Partnerschaft kann beispielsweise ein Partner mehr den affektiv-triebhaften Teil übernehmen, während der andere den versagenden und verbietenden Über-Ich-Anteil repräsentiert; das ist häufig in Alkoholikerehen der Fall. Durch die kreuzweise Externalisierung und Projektion des Triebanteils beziehungsweise des Über-Ich-Anteils auf den Partner ersparen sich beide Beteiligten jeweils den inneren Konflikt, allerdings auf Kosten andauernder interpersonaler Spannungen.

Siehe auch: Delegation

Abwehrmechanismen
Unter Abwehrmechanismen versteht man diejenigen unbewußten regulativen Ich-Funktionen, deren vorrangiges Ziel es ist, unlustvolle Affekte und Wahrnehmungen vom Bewußtsein fernzuhalten. Dabei handelt es sich in erster Linie um die Abwehr von Angst, darüber hinaus auch von Trauer, seelischem Schmerz, depressivem Affekt, Scham, Schuldgefühlen, Wut und Aggression. Wenn das psychische Gleichgewicht durch innere oder äußere Reize bedroht wird und das Subjekt sich in der Gefahr fühlt, von diesen Reizen überwältigt zu werden, setzt die Schutzfunktion der Abwehrmechanismen ein. Der Sicherungsversuch erfolgt durch Unbewußtmachen oder Vermeidung des Bewußtwerdens von Bedrohlichem.

Sigmund Freud benutzte den Begriff »Abwehrmechanismus« zunächst gleichsinnig mit → Verdrängung. Sowohl der Prozeß der Verdrängung als solcher als auch die betroffenen Inhalte können nicht mehr einfach ins Gedächtnis zurückgerufen werden. Später wurde der Begriff der Verdrängung um andere Abwehrmechanismen erweitert wie zum Beispiel → Introjektion, → Projektion, → Reaktionsbildung, ➜ Isolierung, ➜ Ungeschehenmachen, ➜ Regression, ➜ Idealisierung, ➜ Identifizierung (mit dem Angreifer), ➜ Spaltung, ➜ projektive Identifizierung, ➜ Verleugnung und ➜ omnipotente Kontrolle des Objekts.

Die Abwehrmechanismen üben regulative Funktionen im Dienste der Selbsterhaltungs- oder Überlebensstrategien aus. In Abhängigkeit von der Quantität und Massivität der inneren oder äußeren Herausforderungen (zum Beispiel bei traumatischen Erfahrungen) erhalten die Abwehrmechanismen eine derart extreme Intensität oder Akzentuierung, daß sie zur Bildung krankhafter Entwicklungen beitragen. Zwischen ihrem »normalen« Wirksamwerden und einer krankhaften Ausprägung der Konfliktverarbeitung bestehen fließende Übergänge.

Abwehrmechanismen, frühe oder primitive
Darunter werden Abwehrmechanismen verstanden, die in der ganz frühen Kindheit wirksam werden können. Sie richten sich hauptsächlich gegen aggressive Impulse, Sadismus und Destruktivität (➜ Todestrieb) und damit verbundene frühe Ängste. Es handelt sich bei diesen frühen Ängsten um Verfolgungs-(Vernichtungs-) und Verlustängste, die aus der ➜ paranoid-schizoiden oder ➜ depressiven Position stammen. Sie umfassen Mechanismen wie Verleugnung, exzessive Formen der Projektion, Spaltung, Identifizierung, Introjektion und Idealisierung, Bildung von Omnipotenzvorstellungen und Verächtlichmachung.

Acting out/acting in
Der Begriff »acting out« wird gebraucht, um ein affektives ➜ Agieren des Analysanden während der Zeit einer psychoanalytischen Behandlung zu bezeichnen. Dieses aktive oder reaktive Handeln außerhalb der analytischen Beziehung soll dazu dienen, daß etwas innerhalb der analytischen Situation nicht bewußt werden muß. Das ist etwa dann der Fall, wenn ein Analysand sich ständig in Konflikte mit Vorgesetzten oder Autoritätspersonen verstrickt, um zu vermeiden, den Konflikt mit seinem Analytiker auszutragen.

Ein affektives Agieren innerhalb der analytischen Situation nennt man »acting in« oder »enactment«. Ein Beispiel wäre das regelmäßige Zuspätkommen eines Patienten, ein weiteres, wenn der Analysand sich erst kurz vor Ende der Stunde an einen Traum oder ein wichtiges Ereignis erinnert, so daß keine Zeit mehr zur Auseinandersetzung damit zur Verfügung stehen kann.

Adoleszenz
Bezeichnet die Übergangszeit zwischen Kindsein und Erwachsenwerden, beginnend mit der ➜ Pubertät. Auch ausgelöst durch die körperlichen Veränderungen der Pubertätszeit kommt es zu erheblichen seelischen Erschütterungen, die bisweilen mit als krankhaft erscheinenden Phänomenen und Symptomen einhergehen können. Das adoleszente Aufbrechen von seelischen Fixierungen, das Sich-Verflüssigen innerer Strukturen und das Wiederbeleben ungelöster Kindheitskonflikte in dieser Zeit kann die Chance zu einer reiferen Nachbearbeitung und zur Neugestaltung bieten. Es ist eine Zeit voller Verwirrungen, des Ausprobierens und der Suche nach dem eigenen Selbst. Zu den wesentlichen Entwicklungsaufgaben des adoleszenten Lebensabschnitts zählen das endgültige Herausbilden der geschlechtlichen Identität, die Ablösung von den Eltern, das Orientieren an neuen Personen, Vorstellungen, Idealen und ähnlichem und schließlich das Finden einer stabilen persönlichen Identität.

Bei Menschen, die in diesem Lebensabschnitt fixiert bleiben, die nicht erwachsen werden können, spricht man von einer protrahierten (verlängerten) Adoleszenz.

Äußeres Objekt
Siehe: Objekt, äußeres

Affekt
Zunächst handelt es sich bei der Bezeichnung »Affekt« um einen allgemeinen Ausdruck für Gefühle und Emotionen.

Die meisten Affekte sind schon vor der kognitiven und sprachlichen Entwicklung ausgebildet. Affekte können bewußt wahrgenommen werden oder unbewußt wirksam sein. Sie sind in der Regel mit inneren Bildern verbunden.

Durch ihre kommunikative Funktion fördern sie die Bindung zwischen Mutter und Kind und helfen so, sein Überleben zu sichern. Affekte haben eine wichtige adaptive Funktion als Signal und bei der Vorbereitung einer adäquaten Antwort des Individuums auf seine äußere und innere Umwelt sowie als vermittelnde Elemente, um anderen den eigenen inneren Zustand mitzuteilen und entsprechende Reaktionen hervorzurufen. In psychoanalytischen Theorien der Mutter-Kind-Beziehung geht man heute davon aus, daß das Leben mit einem durch Affekte bestimmten Dialog beginnt, einer affektiven Gegenseitigkeit im Kontakt zwischen Mutter und Kind. Affekte entwickeln sich aus genetisch determinierten physiologischen Antwortmustern. Dem gegenwärtigen Forschungsstand entsprechend lassen sich die folgenden sieben Primäraffekte unterscheiden: Überraschung, Interesse, Freude, Verzweiflung, Wut, Furcht und Ekel. Schuldgefühl, Scham und Verachtung zeigen sich zu späteren Zeitpunkten in der Entwicklung, weil sie von kognitiver Reifung abhängig sind. Unerträgliche Affekte können abgewehrt werden, indem zum Beispiel Wut an die Stelle von Trauer tritt, fröhliche Ausgelassenheit an die von Trauer oder Zorn, Schmerz oder Traurigkeit an die von Wut, Angst an die von sexueller Erregung.

Affektansteckung
Affekt- und Säuglingsforschungen haben ergeben, daß Kleinkinder nahezu automatisch von den Gefühlen ihrer Bezugspersonen, ob mimisch oder akustisch geäußert, angesteckt werden können. Auch bei unreifen Persönlichkeiten kann es geschehen, daß sich das Subjekt sehr schnell mit den affektiven Zuständen eines Gegenübers identifiziert. Die Affektansteckung ist zudem eine der Grundlagen von Massenphänomenen (zum Beispiel bei der Massenhysterie). Bei der Affektansteckung ist der Mechanismus der
➜ Projektiven Identifizierung besonders wirksam.

Bei der Einfühlung dagegen bleibt die Wahrnehmung der eigenen Identität erhalten, auch wenn eine partielle oder vorübergehende Identifizierung mit den Affektzuständen eines anderen Menschen stattfindet.

Affekt-Attunement
Mit diesem Begriff wird die gefühlsmäßige Feinabstimmung zwischen zwei oder mehreren Personen bezeichnet. Sie beruht auf der Fähigkeit zur Einfühlung. Die Affektabstimmung spielt eine besondere, entwicklungsfördernde Rolle in der Frühkindheit. Um seine Gefühle wahrhaftig erleben und differenzieren zu können, bedarf das Kind der Erfahrung, daß seine Äußerungen eine angemessene Resonanz und stimmige Antworten (Spiegelungen) durch die bedeutsamen Objekte erhalten. Das Kind erlebt so nicht nur, daß es auf seine Mitwelt einwirken kann (Wirkmächtigkeit), sondern darüber hinaus führt die stimmige Gefühlsanpassung von Mutter, Vater und anderen dazu, daß die eigenen Gefühle sinnstiftend bestätigt werden, daß das Kind Gemeinsamkeit erleben kann und im Zusammenhang damit innere Sicherheit etabliert werden kann (➔ Urvertrauen). Ein gelingendes Affekt-Attunement bekräftigt und differenziert die Ich-Funktion der Affektregulation des Kindes, gerade so, wie ein Mißlingen der frühen Affektabstimmung spätere Regulationsdefizite und -störungen begründen kann.

Eine hinreichend gute Affekteinstimmung zwischen Psychotherapeut und Patient ist auch eine der Bedingungen erfolgreicher therapeutischer Prozesse.

Affektregulierung
Das kleine Kind besitzt schon im Säuglingsstadium Möglichkeiten zur Affektregulation, zum Beispiel das Daumenlutschen oder das Schreien. Objekte wie die Mutter oder deren ➔ Brust, die eine affektregulierende Beziehung anbieten oder verwirklichen, werden vom Kind libidinös herbeigesehnt und begehrt. Bei der Affektregulierung geht es vor allem um den Versuch, störende, unlustbereitende oder negative affektive Erfahrungen abzuweisen, zu vermeiden oder auszugleichen.

Aggression
Die Psychoanalyse betrachtet die Aggression als eine grundlegende Antriebskraft im Menschen. Ob es sich bei

der Aggression um eine ursprünglich neutrale Bewegungsaktivität handelt, die zum Beispiel in den Dienst der Selbstbehauptung gestellt werden kann und erst durch übermäßige Frustrationen und Traumatisierungen in Destruktion verwandelt wird, oder ob die angeborene Aggression von vornherein eine destruktive Qualität hat (➔ Todestrieb), wird auch in der Psychoanalyse kontrovers diskutiert. Verwirrend kann sein, daß in der Literatur bisweilen nicht zwischen Aggression und Destruktion differenziert wird, sondern beide gleichsinnig verwandt werden. Die von Sigmund Freud postulierte dualistische Gegenüberstellung eines Lebenstriebes (Eros, Libido, Sexualtrieb) und eines Todestriebes (Destruktion) wurde nur von einem Teil der Psychoanalytiker akzeptiert.

Es gibt keine menschliche Aktivität, die nicht aggressive Aspekte enthalten könnte. In vielen Verhaltensweisen, sowohl negativen (zum Beispiel Verweigerung einer Hilfeleistung) als auch positiven (zum Beispiel übertriebene Fürsorge), sowohl symbolischen (zum Beispiel Ironie) als auch effektiv ausgeführten (zum Beispiel dem Geschlechtsakt oder sportlichen Wettkämpfen), spielen aggressive Elemente eine wichtige Rolle. Auch für die Selbstbehauptung oder für die Zivilcourage ist eine sublimierte Aggressivität notwendig.

Agieren
Agieren ist ein behandlungstechnischer Begriff, der das unbewußt motivierte Handeln anstelle des Erinnerns und reflektierenden Sprechens benennt. Im Agieren wird die frühkindliche nichtsprachliche Kommunikation, die Handlungssprache wirksam. Eine psychoanalytische Therapie findet (ebenso wie ein Traum) überwiegend im symbolischen Raum statt. Dabei soll das Handeln weitgehend zugunsten des Probehandelns, des Verbalisierens, zurücktreten. Insbesondere durch das Erweitern des psychotherapeutischen Feldes auf früher scheinbar »unbehandelbare« Patienten (zum Beispiel Frühstörungen, Borderline-Störungen, Narzißtische Störungen) hat der Begriff Agieren seine einstige negative Konnotation verloren. Das Agieren wird

heute sowohl in seiner Funktion als Widerstand als auch in seiner kommunikativen Bedeutung beachtet.

Ein impulsives, hochaffektives Agieren, das in der Zeit einer psychoanalytischen Behandlung außerhalb der analytischen Sitzungen auftritt, wird als »acting out« bezeichnet, innerhalb der analytischen Situation nennt man es »acting in«. Patienten sind je nach Schwere ihrer Erkrankung, zum Beispiel bei Traumatisierungen vor dem Erwerb der Wortsprache, häufig zunächst in der therapeutischen Übertragung nur in der Lage, agierend zu wiederholen, was sprachlich noch nicht faßbar ist. Erst später werden sie dann vielleicht auch zu einem Erinnern fähig. Auf beiden Wegen oder in der Kombination von Wiederholen und Erinnern ist jedoch ein therapeutisches Durcharbeiten möglich.

Siehe auch: Acting out/acting in; Nachträglichkeit

Agoraphobie
Eine Form der Phobie, in deren Mittelpunkt die irrationale Angst vor öffentlichen Plätzen oder Menschenansammlungen steht. Der agoraphobe Patient vermeidet zum Beispiel Kinobesuche oder öffentliche Verkehrsmittel, muß immer am Rand von Stuhlreihen sitzen oder kann vielleicht aufgrund seiner Ängste seine Wohnung gar nicht mehr verlassen. Die Agoraphobie kann, wie zum Beispiel auch die → Klaustrophobie, sekundär in den Dienst der interpersonalen Abwehr gestellt werden. Ein Beispiel wäre ein Agoraphober, der nicht mehr selbst Auto fahren kann und deshalb ständig von seiner Frau gefahren werden muß. Unbewußt kann er damit sowohl Kontrolle über seine Frau ausüben als sie auch psychisch manipulieren.

Siehe auch: Angstneurose; Klaustrophobie

Aktualneurose
Sigmund Freud benutzte diesen Begriff, um eine Neurose oder Symptombildung zu beschreiben, deren Ursprung in der Gegenwart und nicht in infantilen Konflikten zu suchen ist, da die Aktualneurose eine direkte körperliche Grundlage hat (zum Beispiel fehlende sexuelle Befriedigung). Sigmund Freud unterschied dabei anfänglich zwei Formen,

die Neurasthenie und die Angstneurose. Später rückte der Begriff in die Nähe des Begriffs der »traumatischen Neurose«, welche durch ein Trauma verursacht wird.

Allmacht
Siehe: Omnipotenz

Allmacht der Gedanken
Eine Überschätzung von machtvollen Einwirkungen der eigenen Denkvorgänge. Sie steht in enger Verbindung zu animistischen und magischen Vorstellungen und der Idee, beim Denken handele es sich um ein Tun, das die äußere Welt verändern oder kontrollieren könne. Ein Beispiel wäre der zufällige Tod eines Menschen, den ein anderer so erlebt, daß er diesen Tod durch seine Todeswünsche ausgelöst hätte.

Die Allmacht von Gedanken ist eine normale Durchgangserscheinung der kindlichen Entwicklung zur Abwehr übermäßiger Ohnmachts- und Hilflosigkeitserfahrungen. Das Phänomen findet sich auch bei primitiven Völkern und als Krankheitserscheinung, zum Beispiel bei Zwangsneurosen oder Psychosen.

Siehe auch: Omnipotenz; Analität, anale Phase; omnipotente Kontrolle des Objekts

Als-ob-Persönlichkeit
Dieser von Helene Deutsch zuerst beschriebene Persönlichkeitstyp zeichnet sich durch eine äußerlich hervorragend angepaßte Persönlichkeitsschale bei gleichzeitiger Außerachtlassung eigener Impulse und Gefühle aus. Die Fähigkeit, sich in fast perfekter Weise in die Wünsche und Gefühle des anderen hineinzuversetzen, und die Bereitschaft zur Unterwerfung und Fügung unter die Außenansprüche machen diese Persönlichkeiten zu sozial völlig unauffälligen Menschen. Aber ihnen fehlt die Fähigkeit zu echten, tiefen Beziehungen, und deshalb geraten sie in schwerste Krisen, wenn die »steuernden« und damit haltgebenden äußeren Objekte ausfallen.

Die Wurzeln dieser krankhaften Persönlichkeitsorganisation werden in Störungen des frühesten Austausches zwischen dem Säugling und seinen Objekten vermutet. Durch Übergriffe der frühen Beziehungspersonen und das frühe Aufdrücken von fremden Gesten wird das Kind gezwungen, sich zum Selbstschutz eine schützende Schale anzulegen, hinter der der Kern der eigentlichen Person verborgen bleiben kann.

Siehe auch: Geste, fremde; Selbst, Falsches

Ambivalenz
Ambivalenz liegt vor bei gleichzeitigen widersprüchlichen Gefühlsregungen, wie zum Beispiel Liebe und Haß in bezug auf ein und dasselbe Objekt. In der Psychoanalyse gilt das Zulassen-Können von Ambivalenz, die Fähigkeit zur Ambivalenztoleranz, geradezu als ein Kriterium der Ich-Stärke. Ein schwaches Ich ist nicht in der Lage, Ambivalenz zu ertragen, und neigt deshalb zum Schwarzweiß-Denken. Die Fähigkeit, Ambivalenz auszuhalten, ist ein lebensgeschichtlicher Erwerb (→ Depressive Position).

Übermäßige oder unerträgliche Ambivalenz spielt eine Rolle bei manchen Krankheitsbildern (zum Beispiel der → Zwangsneurose).

Amnesie
Bedeutet allgemein das Fehlen von Erinnerungen. In einem psychoanalytischen Prozeß können Erinnerungslücken aufgehoben werden, die nicht auf einem unwiederbringlichen Verlust oder Mangel an Gedächtnisinhalten beruhen, sondern das Ergebnis einer → Verdrängung sind. Die kindliche Amnesie charakterisiert vor allem den Erinnerungsmangel für die Erlebnisse der Frühkindheit.

Siehe auch: Nachträglichkeit

Analer Charakter
Siehe: Charakter, analer

Analität, anale Phase
Ein Begriff für den Zeitraum des 2./3. Lebensjahres, in dem die psychosexuelle Entwicklung unter dem Primat der Analität steht. Aufgrund der wachsenden Möglichkeit zur Kon-

trolle über die Körperfunktionen wechselt die psychische Aufmerksamkeit des Kindes von der Mundzone (➜ Oralität) zur Aftergegend. Die Stimulierung dieses Bereichs durch muskuläre Aktivitäten in Zusammenhang mit Körperbewegungen und dem Ausscheidungsvorgang führt zu Lustempfindungen (Anale Erotik). In dieser Phase entwickeln sich auch die Sprache sowie sadomasochistische Impulse im Zusammenhang mit den Funktionen des Ausstoßens und Zurückhaltens. Das Festhalten und Loslassen verknüpft sich außerdem mit Emotionen und Impulsen von Haß und Aggression gegenüber dem Objekt (Ambivalenz). In der analen Phase spielen auch das Bedürfnis nach ➜ omnipotenter Kontrolle des Objekts und die Vorstellung von der Allmacht (der Gedanken) eine bedeutsame Rolle.

Analysand
Bezeichnung für denjenigen, der sich einer Psychoanalyse unterzieht. Wenn diese Person an einer seelischen Krankheit leidet und deswegen eine psychoanalytische Behandlung sucht, sprechen die Psychoanalytiker von »Patient«. Die Psychoanalyse geht davon aus, daß es keinen Menschen gibt, der von ungelösten Problemen und Konflikten vollkommen frei ist. Deswegen werden die Begriffe Analysand und Patient auch häufig gleichsinnig verwendet.

Der Patient wird von der Psychoanalyse im Gegensatz zu manchen ärztlichen Vorstellungen nicht als passives Objekt der Behandlung verstanden, sondern als aktiver Mitarbeiter und Mitgestalter des gemeinsamen psychotherapeutischen Prozesses.

Analytische Psychotherapie
Siehe: Psychotherapie, analytische

Anankastisch
Gleichbedeutend mit »zwanghaft«; siehe: Zwang

Angst
Angst ist einer der grundlegenden Affekte des Menschen. Das Angstgefühl ist zunächst eine normale und gesunde

psycho-somatische Reaktion auf eine reale Gefährdung (Signalangst) und löst Schutz-, Abwehr- oder Fluchttendenzen aus. Nach psychoanalytischer Auffassung sind mit jeder Entwicklungsphase spezifische Ängste verbunden, deren Bewältigung einen Entwicklungsfortschritt darstellt. Traumatische Ängste erwachsen aus als überwältigend erfahrenen äußeren und inneren Konfliktsituationen. Irrationale Ängste beziehen sich auf bewußte und unbewußte Phantasievorstellungen. Dauerhaft auftretende, irrationale, frei flottierende Angstgefühle verdichten sich zur → Angstneurose. Auf bestimmte Objekte oder Situationen gerichtete anhaltende, starke irrationale Ängste, die zu deren Vermeidung führen, bezeichnet man als → Phobien.

Angstneurose
Bei der Angstneurose wird der Erkrankte ständig von diffusen Ängsten überflutet, die »grundlos« und »unfaßbar« erscheinen. Dadurch unterscheiden sie sich von den Phobien. Die Angst- oder Panikattacken (traumatische Angst) gehen in der Regel mit heftigen körperlichen Begleiterscheinungen und Körperängsten einher (→ Hypochondrie).

Eine rein biologisch-psychiatrische Betrachtung der Angstattacken als »Paniksyndrom« droht die möglichen seelisch-dynamischen Funktionen der Angstzustände ebenso aus dem Auge zu verlieren, wie eine rein behavioristisch-lerntheoretische Sichtweise den möglicherweise komplexen anthropologischen Dimensionen von Angstsyndromen nicht gerecht zu werden vermag. In der klinischen Erscheinung begegnen uns Ängste häufig in kombinierter Form, indem zum Beispiel phobische Symptome mit diffusen Ängsten und körperlichen Angstäquivalenten (beispielsweise Schweißausbrüche, Herzrasen oder Zittern) einhergehen. Neuere psychopathologische Formulierungen wie »generalisierte Angststörung« drohen schleichend das von der Psychoanalyse herausgearbeitete differenzierte Verständnis von Angstphänomenen einzuebnen und sie damit per definitionem aus der Krankheitslehre und somit auch von der Behandlung auszuschließen. (Ähnliche Entwicklungen sind in der Depressionsforschung zu beobachten.)

Anonymität
Die Vorstellung von einer Anonymität des Psychoanalytikers im therapeutischen Beziehungsprozeß ist eine Fiktion. Die heutige Psychoanalyse geht von einer wechselseitigen Beziehung zwischen Analytiker und Analysand aus, die, analysiert und reflektiert, therapeutisch nutzbar gemacht wird.
Siehe auch: Abstinenz

Anpassungsmechanismen
Mehr noch als der Begriff Abwehrmechanismus verdeutlicht dieses Wort die hauptsächlich regulativen und integrativen Funktionen des Ich (➔ Ich-Funktion). Steht im Vordergrund die Anpassung des Ich-Selbst an die Mitwelt, spricht man von autoplastischer (selbstverändernder) Anpassung, beim Bemühen, die Umwelt dem Ich-Selbst mehr anzupassen, spricht man von alloplastischer (den anderen verändernder) Anpassung. Eine besondere Form der autoplastischen Anpassung, die dann auch krankhafte Züge annehmen kann, ist die Entwicklung eines Falschen Selbst.
Siehe auch: Bewältigungsmechanismen; Selbst, Falsches

Apparat, psychischer
Im Rahmen seines anfänglich stark naturwissenschaftlich geprägten Denkens formulierte Sigmund Freud seine Überlegungen über das Funktionieren des Seelischen im Bild eines »psychischen Apparats«. Die Vorstellung eines Apparats versucht einerseits die dynamischen Vorgänge im seelischen Energiehaushalt (➔ Modell, ökonomisches) und andererseits die Differenzierung des Psychischen in Schichten oder Strukturen (➔ Modell, topisches; Instanzenmodell) zu erfassen. Eine wesentliche Aufgabe des psychischen Apparats ist es, den Energieaufwand möglichst niedrig oder konstant zu halten.

Arbeitsbündnis
Das Konzept des Arbeitsbündnisses umfaßt die bewußten, stabilen und produktiven, reifen, »nichtneurotischen« und kooperativen Anteile der therapeutischen Beziehung. Zum

Arbeitsbündnis zählen auch die Vereinbarungen über den Rahmen und das Setting der Psychotherapie.

Mit diesem Begriff versucht die Psychoanalyse theoretisch zwei qualitativ unterschiedliche Aspekte der Beziehung in einer analytischen Behandlung zu unterscheiden: die Arbeitsbeziehung und die Übertragungsbeziehung. Voraussetzung für die Entwicklung des Arbeitsbündnisses ist eine therapeutische → Ich-Spaltung in ein gewissermaßen beobachtendes und ein aus der Übertragung heraus vor allem unbewußt agierendes Ich. Kleinianische Psychoanalytiker heben die Bedeutung der Fähigkeit einer Person zur Abhängigkeit für das Bilden eines Arbeitsbündnisses hervor. Die theoretische Differenzierung zwischen einer Arbeits- und einer Übertragungsbeziehung wird insofern in Frage gestellt, als dadurch möglicherweise wichtige Aspekte der Beziehung, die theoretisch im Arbeitsbündnis untergebracht werden, deswegen unhinterfragt bleiben könnten und so einer kritischen Analyse entzogen werden könnten.

Assoziation, freie
Im Rahmen der psychoanalytischen Behandlung wird der Begriff auch gleichbedeutend mit »freier Einfall« verwendet. Die freien Assoziationen sind das Ergebnis des freien Assoziierens des Patienten, das sich aus dem Annehmen der Grundregel ergibt, alles, was einem einfällt, ohne Zensur mitzuteilen. Die Psychoanalyse geht davon aus, daß die gedanklichen Aneinanderreihungen der Einfälle nicht zufällig sind, sondern ähnlich wie beim Traum einen Zugang zu den latenten, unbewußten Inhalten und Zusammenhängen bieten. Sigmund Freud führte die Technik des freien Assoziierens ein, nachdem er Hypnose und Suggestion als Behandlungsmethoden für seelisch kranke Menschen verworfen hatte. Die Freiheit der Assoziation ist immer relativ.

Aufmerksamkeit, gleichschwebende
Die innere Haltung des Analytikers gegenüber seinem Patienten während der analytischen Sitzung. Sie stellt ein Pendant zur freien Assoziation des Analysanden dar. Sie besteht in Offenheit, Wertungsfreiheit und dem Ertragen von Nicht-

Wissen. Sie erlaubt dem Analytiker, frei zugänglich zu bleiben für die inneren Prozesse des Patienten und deren Wirkung auf seine eigene bewußte und unbewußte psychische Aktivität sowie auf seine eigenen Reaktionen gegenüber dem Analysanden. Die gleichschwebende Aufmerksamkeit wird mit dem Zustand der ➜ »Reverie«, der träumerischen Aufnahmebereitschaft einer Mutter gegenüber den seelischen Bedürfnissen ihres Babys, verglichen. Donald W. Winnicott wiederum setzt diesen Zustand mit der »primären Mütterlichkeit« gleich.

Siehe auch: Mütterlichkeit, primäre; Reverie

Autismus

Autismus bedeutet extreme Selbstbezogenheit und Rückzug aus sozialen Beziehungen. Frühere Psychoanalytiker nahmen eine lebensgeschichtlich erste seelische Entwicklungsphase eines »normalen Autismus« an, analog einem primären Narzißmus. Diese Auffassungen werden durch die Erforschungen der vorgeburtlichen Zeit und die Säuglingsforschung über die von Lebensanfang an bestehenden Beziehungserfahrungen immer weniger haltbar.

Zumeist wird unter Autismus aber eine schwere seelische Krankheit verstanden, mit weitgehendem emotionalen, affektiven und sozialen Rückzug der Betroffenen. Dadurch kommt es zu einer sozialen Kontaktsperre, und der therapeutische Zugang zu solchen Persönlichkeiten gestaltet sich als äußerst schwierig. Bei dem Versuch, sich durch das Errichten seelischer Schutzmauern vor weiteren Beschädigungen zu bewahren, ist es zu einer starken Versteinerung der gesamten Persönlichkeit gekommen. Andere Autoren sprechen von einer Einkapselung des Selbst. Begrenzte und vorübergehende autistische Phänomene können auch bei neurotisch Kranken auftreten.

Autistisch-berührende Position

Begriff von Thomas Ogden für den frühesten und primitivsten, vorsymbolischen Erfahrungsmodus der Mutter-Kind-Beziehung noch vor der ➜ schizoid-paranoiden und der ➜ depressiven Position. Dieser elementarste Modus menschlichen Erlebens ist geprägt durch Sinneseindrücke rhythmischer Erfahrungen und vor allem Berührungswahrnehmungen der Hautoberfläche. Bei der autistisch-berührenden Position gibt es im Erleben kein Gefühl für innen und außen, keine Unterscheidung zwischen Selbst und Objekt. Durch die zusammenhaltenden und wohltuenden Berührungserfahrungen wird die mit diesem Modus verbundene Angst vor dem Auslaufen des Selbst durch die löchrige Haut oder dem Fallen in einen formlosen, unbegrenzten Raum gemildert und aushaltbar. Bei ausfallenden oder nicht hinreichenden entwicklungsfördernden Berührungserfahrungen durch andere werden körperliche Abwehrbewegungen mobilisiert wie zum Beispiel Haare drehen, sich selbst streicheln, schaukeln des Körpers oder mit den Füßen treten. Diese Form des Selbsthaltens kann im Extremfall in einem pathologischen Autismus münden.

Dieses Konzept stellt eine Weiterentwicklung von Überlegungen anderer Autoren zur rhythmischen Erfahrung (Francis Tustin), Hauterfahrung (Esther Bick) und zur adhäsiven Identifikation (Donald Meltzer) dar.

Siehe auch: Halten; Objektliebe, primäre; Position; Selbst-Objekt

Autoaggression
Darunter versteht man Impulse und Verhaltensweisen, die sich in aggressiver und destruktiver Weise gegen das eigene Selbst richten. Eine Hemmung oder eine Unfähigkeit, Aggressionen nach außen abzuführen, kann zu einer → Wendung (der aggressiven Impulse) gegen die eigene Person führen.

Siehe auch: Selbstverletzung

Autoerotik
Bezeichnet Impulse und Verhaltensweisen, bei denen Lust und Befriedigung mit Hilfe des eigenen Körpers ohne äußeres Objekt gesucht werden. Ein Beispiel dafür ist die Masturbation.

Autonomie

Dieser Begriff wird in der Psychoanalyse im Zusammenhang mit der Fähigkeit zu Trennung und Individuation des Kindes und der Bildung seines Identitätsgefühls gebraucht.

Die relative Freiheit der Ich-Funktionen von intrapsychischen Konflikten wird in der Psychoanalyse als Autonomie bezeichnet, obwohl zugleich die Relativität der Ich-Autonomie unterstrichen wird. Denn das Ich steht immer in einer gewissen Abhängigkeit von den Ansprüchen des Es, von den Befehlen des Über-Ich, den Forderungen der Realität und der Beziehung zu inneren und äußeren Objekten.

Siehe auch: Instanzenmodell

Autorität

Der Begriff der Autorität bezeichnet sowohl eine Person, die mit dieser Eigenschaft ausgestattet ist, als auch ein Beziehungsverhältnis. Psychoanalytisch betrachtet ist Autorität mit der Bildung und Entwicklung des Über-Ich verbunden, das für das Subjekt unter anderem die Bedeutung eines Vorbildes und die Funktion eines Richters hat. Das Über-Ich entsteht durch die Verinnerlichung elterlicher Anforderungen und Verbote und erweitert sich später durch soziale und kulturelle Anforderungen (Erziehung, Religion, Moral, soziale Sitten). Es verkörpert das Gesetz und das Verbot, es zu überschreiten. Spätere Entwicklungen der Psychoanalyse sprechen von »archaischen« Formen des Über-Ich, die weniger von Geboten und Verboten durch die Eltern geprägt sind als vielmehr durch frühe Beziehungserfahrungen, die sich im Inneren des Säuglings niederschlagen. Das frühe Über-Ich ist durch Strenge, Sadismus und Verfolgungsimpulse geprägt. Die Fähigkeit zu Verantwortung und Schuldbewußtsein sowie zur Wiedergutmachung im Gegensatz zu Gehorsam und Verfolgungsmentalität stellt die Grundlage eines reifen Über-Ich dar. Wenn dagegen das Individuum an ein frühes, strenges und verfolgendes Über-Ich gebunden bleibt, ist es sehr anfällig für entsprechende Autoritätsbeziehungen (zum Beispiel Machtmißbrauch durch autoritäre »Führer«).

Siehe auch: Über-Ich

Balintgruppe
Der Psychoanalytiker Michael Balint entwickelte in den fünfziger Jahren in London – zunächst für Ärzte – Gruppen, die sich unter Anleitung eines Analytikers um das Erforschen auch der unbewußten Dimensionen der Arzt-Patient-Beziehung bemühten. Die Gruppen mit sechs bis zwölf Mitgliedern treffen sich in regelmäßigen Sitzungen über einen längeren Zeitraum und beschäftigen sich in freier Assoziation mit dem Fallbericht eines Teilnehmers. Im Zentrum des gemeinsamen Durcharbeitens stehen unbewußte Konfliktszenen, die sich, vermittelt durch den berichtenden Arzt, in der Gruppe widerspiegeln. Sie werden durch die Gruppendiskussion und -reflexion in eine Gesamtgestalt gebracht und können so entscheidende diagnostische und therapeutische Hinweise vermitteln.

Heute werden Balintgruppen auch für Lehrer, Sozialarbeiter, Pfarrer, Juristen, Krankenhausmitarbeiter und andere Berufe, in deren Vordergrund der Umgang mit Menschen steht, angeboten. Die Balintgruppe kann als eine Form der Supervision angesehen werden.

Bearbeitung, sekundäre
Letzter Teil der unbewußten → Traumarbeit. Durch die sekundäre Bearbeitung wird der Trauminhalt in eine relativ zusammenhängende und verständliche Szenerie, den manifesten Traum, gebracht. Diese Traumgestalt kann dann erinnert werden.
Siehe auch: Sekundärprozeß

Behandlungsrahmen
Siehe: Rahmen der Behandlung

Besetzung
Der von Sigmund Freud eingeführte Begriff wird zumeist in einem metaphorischen Sinn verwendet, entspricht also umgangssprachlichen Formulierungen wie Aufmerksamkeit, Interesse, emotionale Beteiligung, Bedeutsamkeit oder Wichtigkeit. Er bezeichnet das Maß der seelischen Energie, das an eine seelische → Repräsentanz, also eine Vorstellung vom ei-

genen Selbst oder vom Objekt, gebunden ist. So wie im Lauf der Entwicklung normalerweise Selbst- und Objektrepräsentanzen mit »Energie«, zum Beispiel Affekten, besetzt werden, ist es umgekehrt zum Beispiel bei einem Verlust seelisch notwendig, die Besetzungen im Prozeß des ➔ Trauerns vom verlorenen Objekt abzuziehen, damit die seelischen Energien für neue Herausforderungen zur Verfügung stehen.

Besorgnis
Besorgnis bedeutet nach Donald W. Winnicott, daß ein Individuum sich emotional berühren läßt, daß es sich um jemanden oder etwas kümmert, daß ihm etwas etwas ausmacht, daß es Verantwortung spürt und übernimmt. Besorgnis ist in diesem Sinne ein positiver Gegenbegriff zum Schuldgefühl. Die Fähigkeit zur Besorgnis oder Fürsorge beginnt sich in der Regel etwa zwischen dem siebten und vierundzwanzigsten Lebensmonat zu entwickeln. Sie ist eine wichtige Voraussetzung für die Fähigkeit, Verantwortung zu übernehmen. Sie ermöglicht ein Aneignen auch der destruktiven Impulse und damit eine Integration aggressiver und libidinöser Persönlichkeitsanteile, mit anderen Worten: die Fähigkeit zur Ambivalenz wird erreicht.

Die Kleinianische Psychoanalyse beschreibt mit dem Begriff der ➔ depressiven Position eine entsprechende Entwicklungsstufe, auf der die Fähigkeit zu trauern und zur Reue sich zu entwickeln beginnen.

Siehe auch: Wiedergutmachung

Bewältigungsmechanismen
Die vordringliche Aufgabe des Ich liegt in der Regulierung, Bewältigung und Meisterung von Herausforderungen, Konflikten und traumatischen Erfahrungen. Die Ich-Funktionen, die dieser Aufgabe dienen, werden als Bewältigungsmechanismen bezeichnet. Erst wenn die regulären Bewältigungs- oder Anpassungsversuche (➔ Anpassungsmechanismen) nicht gelingen, bekommen diese Funktionen Abwehrcharakter (➔ Abwehrmechanismen) und stellen dann die mögliche Grundlage neurotischer Konfliktlösungen dar.

Siehe auch: Coping

Bewußtsein/Bewußt(es)
Sigmund Freud beschrieb das Bewußtsein als eine Funktion des psychischen Apparats, die Informationen aus der Außenwelt und der Innenwelt wahrnehmen kann und diese zu unterscheiden weiß. Das Bewußtsein läßt sich als eine → Ich-Funktion verstehen, die eng mit der Aufmerksamkeit und dem Gedächtnis verbunden ist. Das Bewußtsein ermöglicht das Selbstbewußtsein und die Selbstreflexion sowie die Realitätsprüfung. Andere Ich-Funktionen wie die → Abwehrmechanismen werden unbewußt wirksam.

Das Bewußte umfaßt die dem Bewußtsein unmittelbar zugänglichen seelischen Inhalte.

Siehe auch: Apparat, psychischer

Bipolares Selbst
Siehe: Selbst, bipolares

Bisexualität
Der Begriff der Bisexualität verweist darauf, daß jeder Mensch, der ja aus der Verbindung eines Mannes und einer Frau hervorgegangen ist, angeborene physische und psychische männliche und weibliche Anlagen und Anteile besitzt. Das ist einer der Gründe, warum jeder Mensch prinzipiell sowohl zu einer heterosexuellen als auch einer homosexuellen Orientierung in der Lage ist. Die neuere Genforschung läßt die Frage offen erscheinen, ob es möglicherweise auch genetische Ursachen für Homosexualität geben könnte. Psychosoziale Bedingungen spielen jedoch für die Entwicklung der Geschlechtsidentität eine herausragende Rolle.

Borderline-Persönlichkeitsorganisation
Der Begriff »Borderline« wird auch in der Psychoanalyse vielschichtig verwandt; vom Wort her läßt er sich als »Grenzstörung« übersetzen. Zunächst wurde die Bezeichnung für schwere seelische Erkrankungen im Grenzbereich zwischen Neurose, Psychose und tiefen Charakterstörungen benutzt. Es erweist sich als unzulänglich, die Diagnose »Borderline-Störung« nur aufgrund der Sympto-

matik zu stellen. Häufig weisen solche Patienten »typisch neurotische« Symptome auf (Ängste, Zwänge und anderes mehr). Bisweilen kann eine besondere Kombination von Symptomen (zum Beispiel Spaltungsdenken, Impulsdurchbrüche, Zwangsverhalten) den Verdacht nahelegen, daß es sich um eine Borderline-Problematik handelt. Die sorgfältige Analyse der Persönlichkeitsstruktur ist für die Diagnose dieser Erkrankung von höchster Bedeutung.

Bei der Borderline-Störung läßt sich ein niedriges Strukturniveau der Persönlichkeitsorganisation beziehungsweise ein Strukturmangel feststellen (➔ Störung, strukturelle). Das niedrige Strukturniveau besteht vor allem in einer ungenügenden Fähigkeit zur Realitätsprüfung, einer mangelhaften Impuls- und Affektkontrolle, einer deutlichen Tendenz zur Regression und zum primärprozeßhaften Denken (➔ Primärprozeß), einer Neigung zu unreflektierten Handlungen sowie einer geringen Frustrationstoleranz. Die mangelnde Ich-Stärke dieser Patienten führt außerdem zum Vorherrschen panischer Ängste. Die verinnerlichten frühen pathologischen Objektbeziehungen erschweren beziehungsweise verhindern die Bildung einer stabilen Identität. Hauptabwehrmechanismus ist die ➔ Spaltung in »nur gut« oder »nur böse«, entweder Schwarz oder Weiß, und die Unfähigkeit zu Integration und Kompromißbildung.

Aufgrund ihrer spezifischen Ich-Schwächung stehen die Menschen mit einer Borderline-Persönlichkeitsorganisation in der ständigen Gefahr, durch starke Affekte, zum Beispiel Angst, überwältigt zu werden. In ihren Beziehungen schwanken sie zwischen überwältigenden Nähebedürfnissen und ebenso starken Abgrenzungs- und Distanzierungsbestrebungen, weshalb ihre Beziehungen häufig sehr unbeständig sind. Borderline-Erkrankungen werden ursächlich sowohl mit ➔ Frühstörungen und verinnerlichten pathologischen Objektbeziehungen als auch mit schweren Traumatisierungen (zum Beispiel durch sexuelle Gewalt innerhalb der Familie oder einer Vergewaltigung) in Verbindung gebracht.

Brust
Die Brust ist von großer Bedeutung in der Psychoanalyse, weil sie den ersten wesentlichen Kontakt des Säuglings mit einem Objekt verkörpert (→ Oralität/orale Phase). Das Konzept »Brust« wird als ein Synonym für die frühe Mutter-Kind-Beziehung verwendet. Sie symbolisiert die Grundlage der menschlichen Abhängigkeit, auf welcher sich alle weiteren Objektbeziehungen aufbauen. Wenn die Brust erfüllend ist, zum Beispiel den Hunger stillt, ist sie bei Melanie Klein eine »gute« Brust. Der Säugling kann sich an sie klammern und saugen. Wenn die Brust frustrierend ist, der Säugling zu lange warten muß, um Milch zu bekommen, wird sie zur »bösen« Brust. Sie kann dann beispielsweise als vergiftet oder erdrückend erlebt werden. Anfänglich steht die Brust im Erleben des Säuglings pars pro toto für die Mutter, da es ihm noch an der Fähigkeit mangelt, bewußt Teile zu einem Ganzen zusammenzufügen und damit die Mutter als ein ganzes Objekt wahrzunehmen und so mit ihr umzugehen.
Siehe auch: → Objekt, partiales/ganzes.

Charakter
Als Charakter oder Persönlichkeit wird das überdauernde organisierte Gesamt der angeborenen und in lebensgeschichtlichen Konflikten, Schwellensituationen und anderen Erfahrungen ausgestalteten individuellen seelischen Strukturen verstanden.

Charakter, analer
Dieser Ausdruck beschreibt einen Charaktertypus, bei dem aufgrund einer Fixierung auf der analen Entwicklungsstufe überwiegend Eigenschaften wie Eigensinn, Ordnungsbemühen und peinliche Pedanterie das Verhalten und Erleben bestimmen. Häufig handelt es sich um eine Reaktionsbildung gegen anale Erotik und die für die anale Phase typischen Konflikte wie Ambivalenz, Provokation, Wut und sadomasochistische Tendenzen.

Charakter, oraler
Darunter versteht man eine Persönlichkeit, die Fixierungen in der oralen Phase aufweist. Typisch für diesen Charaktertypus sind extreme Ausprägungen von Optimismus oder Pessimismus, Großzügigkeit, Launenhaftigkeit, Depression, Gier, Abhängigkeit, Ungeduld oder Neugierde und die Tendenz, sich in Wunschgedanken zu engagieren. Orale Konflikte können sich in Symptomen wie Sprachstörungen oder Ekel vor Speisen beziehungsweise gestörten Eßgewohnheiten ausdrücken, wie sie zum Beispiel bei der Anorexie (Magersucht) oder Bulimie (Eß-Brechsucht) auftreten.

Charakterstörung
Die Charakterstörung bezieht sich im Gegensatz zur Neurose auf eine seelische Erkrankung der Gesamtpersönlichkeit, darunter des Ich. Während seelische Symptombildungen in der Regel als ich-dyston, also selbst-fremd empfunden werden können und deshalb Leidensdruck verursachen, werden Charakterstörungen als ➔ ich-synton erlebt, als selbst-verständlich zur Person gehörig. Patienten mit Charakterstörungen sind infolge eines geringeren oder fehlenden Leidensdrucks einer psychotherapeutischen Behandlung schwerer zugänglich.

Container, Contained, Containing
Das Konzept des »Containings« (»Behälterfunktion«) wurde von Wilfred Bion eingeführt. Es ist zunächst ein Modell für einen wesentlichen Aspekt der frühen Beziehung zwischen Mutter und Kind. Der Säugling ist anfänglich nur begrenzt in der Lage, seine Gefühle und Impulse als Teile seines eigenen Selbst wahrzunehmen, einzuordnen und damit differenziert umzugehen. Wenn die Mutter oder ein anderer die Affekte des Kindes zutreffend wahrnehmen und in sich aufnehmen kann (»Container«) und ihnen (»Contained«) durch eine angemessene Reaktion einen Sinngehalt verleiht, dann hilft das dem Säugling dabei, dieses Gefühl zu identifizieren und als ein eigenes anzuerkennen. Das geschieht zum Beispiel, wenn ein Kind von unerträglicher Angst überflutet wird, die es nicht einordnen kann, und anfängt

zu schreien. Die Mutter nimmt es in ihren Arm und hält es sicher, weil sie seine Angst wahrnimmt. Das Kind erlebt dabei auch, daß es der Mutter möglich ist, das ihm selbst unerträglich erscheinende Gefühl auszuhalten, mit diesem Schrecklichen umzugehen, ohne in Panik zu verfallen oder von der Angst überwältigt zu werden. Es kann sich dann mit dieser Haltung identifizieren und die so gemilderte Angst wieder zu sich nehmen und als eigene wahrnehmen.

Dieser selbstverständlichen Aufgabe kann die Mutter gerecht werden, wenn sie für die Signale ihres Kindes offen ist (in einem zeitweiligen Ausnahmezustand, der → Reverie oder → primären Mütterlichkeit) und diesen Signalen eine kommunikative Bedeutung gibt. Durch einen solchen Austausch können sich → Mentalisierungsprozesse im Kind entwickeln, die es ihm erlauben, mit der Zeit sich selbst und den anderen einen psychischen Zustand zuzuschreiben und über diese psychischen Zustände zu reflektieren.

Wenn die Container-Funktion der Mutter versagt oder der Affekt so massiv ist, daß er diese Funktion übersteigt, dann kann das Entstehen einer stabilen und kohärenten Identität beeinträchtigt werden. Das geschieht zum Beispiel, wenn die Mutter auf die Angstäußerungen ihres Kindes mit noch größerer eigener Angst reagiert oder sich ängstlich in sich zurückzieht, weil sie es nicht aushalten kann, solche Gefühle zu empfinden. Die nicht integrierten Affekte können sich dann beim Kind eine körperliche Anbindung, beispielsweise eine hypochondrische oder psychosomatische Symptomatik, suchen. Das Containing ist eine der frühesten Kommunikationsformen und der Kern aller weiteren Entwicklungen des Fühlens, Denkens und der Beziehungsfähigkeit.

Dieses Konzept läßt sich auf andere menschliche Beziehungen anwenden, zum Beispiel den Analytiker und seinen Patienten, die Gesellschaft und das Individuum. Der Psychoanalytiker nimmt im Behandlungsprozeß an notwendigen Stellen unerträgliche Gefühle des Patienten in sich auf und gibt sie ihm bei passender Gelegenheit in einer so verarbeiteten Form zurück, daß sie für den Patienten annehmbar sind. Dieser Vorgang läßt sich metaphorisch mit einem

Verdauungsvorgang vergleichen, bei dem etwas zunächst »Unverdauliches« durch die innere Verarbeitung des Therapeuten in eine »bekömmliche« Form verwandelt wird.

Siehe auch: Reverie

Coping
Der ursprünglich aus der Verhaltensmedizin beziehungsweise Psychosomatik stammende Begriff wird psychoanalytisch gleichsinnig mit Bewältigung oder »Meisterung« verwendet. Erst wenn angesichts von Konflikten oder traumatischen Erfahrungen die »einfacheren« Bewältigungsstrategien nicht mehr ausreichen, kommt es zum Einsatz der Anpassungs- oder auch der Abwehrmechanismen. Führen die nicht mehr hinreichenden eigenen Copingfunktionen des Patienten diesen in eine Psychotherapie, dann sind zumindest zeitweise und partiell die Container-Funktionen (→ Container) des Therapeuten herausgefordert.

Dankbarkeit
Das Gefühl der Dankbarkeit gegenüber einem Objekt entsteht aufgrund der Zuwendung und Befriedigung, die es gewährt. Dankbarkeit kann destruktiven Impulsen und Neidgefühlen entgegenwirken. Sie stellt einen wichtigen Aspekt der Objektliebe dar.

Es scheint sinnvoll, im therapeutischen Prozeß zwischen einer authentischen Dankbarkeit und einer Dankbarkeit, die der Abwehr von Schuld- und Neidgefühlen dient, zu unterscheiden.

Siehe auch: Neid

Deckerinnerung
Dabei handelt es sich um Reste infantiler Erinnerungen, die sich trotz weitgehender Amnesie der Frühkindheit im vorbewußten Gedächtnis erhalten haben. Obwohl oder gerade weil es sich in der Regel um belanglose Inhalte handelt, können sie symbolisch für andere, schwerwiegende, latente Erinnerungen stehen, die dahinter verborgen bleiben können. Auch wenn die Deckerinnerungen so zunächst Abwehrcharakter besitzen, können sie zugleich nachträglich

in verschlüsselter Form traumatische Situationen zum Ausdruck bringen, die nur in präverbaler oder nichtsprachlicher Form Erinnerungsspuren hinterlassen haben.

Siehe auch: Nachträglichkeit

Dekompensation
Der Begriff erfaßt den weitgehenden Zusammenbruch »normalen« seelischen Funktionierens, mit anderen Worten den Verlust der psychischen Fähigkeiten zur Regulation (→ Coping) und zum Ausgleichen (Kompensation) der seelischen Infragestellungen und Destabilisierungen.

Delegation
Dieser aus der psychoanalytischen Familientherapie stammende Begriff bezeichnet eine spezifische unbewußte Rollenzuweisung oder Beauftragung in einer Eltern-Kind- oder Partnerbeziehung. Im Rahmen solcher Beziehungen können zum Beispiel bestimmte Charaktereigenschaften, Konfliktthemen, unerfüllte Wünsche und Erwartungen (Ideale) an das Gegenüber delegiert werden. Die Delegation, die auf einer Externalisierung und Projektion beruht, soll der Selbstregulation des delegierenden Individuums dienen. Die Delegierten werden durch das Annehmen der unbewußten Aufträge möglicherweise in neurotische oder psychotische Symptombildungen hineingetrieben. Kinder können dadurch in ihrer Selbstentfaltung beeinträchtigt werden.

Siehe auch: Abwehr, interpersonale; Externalisierung; Projektion

Depersonalisierung
Die Depersonalisierung beschreibt einen Zustand, in dem das Ich das Gefühl verloren hat, eine substantielle, reale Person zu sein. In diesem Zustand erlebt das Ich die eigenen Affekte als befremdend. Die Eigenwahrnehmung spaltet sich in ein beobachtendes und ein erlebendes Ich. Letzteres, einschließlich seiner Affekte, erscheint dem beobachtenden Ich als fremd und unwirklich.

Depression
Depression bezeichnet eine Gruppe seelischer Erkrankungen, bei denen eine bedrückte Stimmungslage dominiert und die mit Gefühlen von Hoffnungslosigkeit, Hilflosigkeit und Schuld verbunden sind, welche eine starke Hemmung der Aktivitäten (Antriebslosigkeit) hervorrufen. Das Erscheinungsbild reicht von den vorübergehenden leichten depressiven Verstimmungen bis zu den schweren Formen psychotischer Depression.

Für die Entwicklung der Depression werden von der Psychoanalyse verschiedene Erklärungsmodelle angeboten. So wird die Depression als eine krankhafte Form der Trauer betrachtet, gewissermaßen eine Unfähigkeit, wirklich zu trauern, da das Trauern durch unbewußte Angst-, Wut- und Schuldgefühle blockiert ist. Depression läßt sich häufig auch als eine gegen das eigene Selbst statt gegen andere gerichtete Aggression verstehen (➔ Autoaggression), die bis zum Suizid reichen kann. Bei Depressionen können organische Ursachen eine Rolle spielen, bei den endogenen Depressionen sind die Verursachungen nicht zugänglich, innerhalb der reaktiven, neurotischen Depressionen lassen sich langfristig lebensgeschichtlich bedingte von aktualneurotischen Formen unterscheiden. Larvierte Depressionen tauchen zum Beispiel in der Verkleidung von Körpererkrankungen auf (➔ Somatisierung).

Siehe auch: Depressive Position

Depressive Position
Der Begriff wurde von Melanie Klein eingeführt. Die depressive Position ist nicht zu verwechseln mit der diagnostischen Kategorie Depression.

Darunter wird eine seelische Konstellation verstanden, in der es möglich ist, Liebes- und Haßgefühle (➔ Ambivalenz) gegenüber ein und derselben Person zu empfinden und darüber traurig (daher »depressive«) und um das Objekt besorgt zu sein (➔ Besorgnis).

Anfänglich kann der Säugling das Objekt entweder als »nur schlecht« oder als »nur gut« erleben (➔ paranoid-schizoide Position), je nachdem in welchem psychischen Zustand er sich gerade befindet (z. B. starker Hunger oder hinreichende Sättigung), also als ein ➔ Partial-Objekt. Später entwickelt er später die Fähigkeit, das Objekt auch anders wahrzunehmen, nämlich als ein Ganzes, das gute, befriedigende und böse, unlustvolle Zustände hervorruft, also eines mit guten und bösen Anteilen. Normalerweise beginnt der Säugling diese Fähigkeit mit etwa vier bis sechs Monaten zu erreichen.

Die depressive Position beruht auf der Erkenntnis des Säuglings, daß das Objekt, das ihm Befriedigung beschert, dasselbe Objekt ist, das ihm zu anderer Zeit die Befriedigung versagt (z. B. durch Abwesenheit). Seine neue Einsicht, daß seine Liebesgefühle und seine Haßempfindungen ein und demselben Objekt gelten und nicht mehr wie in der paranoid-schizoiden Position in ein »gutes Objekt« und ein »böses Objekt« gespalten sind, führt auch zu neuen Ängsten.

Die Aufhebung der Spaltung im Objekt zieht nämlich konsequent zur Feststellung nach sich, daß auch das eigene Ich nicht nur »gut«, sondern auch gleichermaßen »böse« ist. Die vorher abgespaltenen und zum Beispiel in die Mutter projizierten Haß- und Wutgefühle und Aggressionen können und müssen nun als eigene wahrgenommen werden. Da der Säugling aber seine Mutter auch liebt und von ihr geliebt werden möchte, entstehen nun Ängste, sie mit den destruktiven Regungen verletzt oder gar zerstört zu haben. Aus der Sorge um ihr Wohlbefinden, aus der Verlustangst, Traurigkeit und frühen Schuldgefühlen über die aggressiven Impulse gegenüber dem (versagenden) Objekt und zu deren Abwehr und Kompensation entsteht das Bedürfnis nach ➔ Wiedergutmachung. Die Beziehung zum Objekt verändert sich gravierend. Neben der eigenen Befriedigung wird nun auch das Wohlergehen des Objekt berücksichtigt. Man könnte sagen, daß der Säugling »sozialer« wird.

Die »depressive Angst«, das heißt die Verlustangst und die Sorge um das Objekt, wird von der kleinianischen Psychoanalyse als ein wichtiges Element reifer Objektbeziehungen betrachtet.

Wenn die mit der depressiven Position verbundenen Gefühle zu belastend werden, dann werden Abwehrmechanismen mobilisiert, die das Selbst vor unerträglichen Verlustängsten und Schuldgefühlen schützen sollen. Charakteristische Mechanismen dafür sind paranoide (Rückzug auf die paranoid-schizoide Position) und manische Abwehr (siehe auch: ➔ Omnipotenz).

Bei der depressiven Position handelt es sich nicht in erster Linie um eine Entwicklungsstufe, über die, einmal erworben, dauerhaft verfügt werden kann, sondern um eine psychische ➔ Position, die in Krisen und Konflikten oder in jedem Lernprozeß immer wieder neu errungen werden muß. Durch die ständigen neuen Erfahrungen, die ein Mensch erlebt, wird er immer wieder in eine paranoid-schizoide Verfassung versetzt, aus der er mit einer gewissen Bereicherung sich wieder zur depressiven Position durcharbeiten muß. Die depressive Position bildet mit der paranoid-schizoiden Position ein dynamisches Paar, das sich gegenseitig ergänzt.

Siehe auch: Paranoid-schizoide Position

Deprivation
Deprivation bezieht sich auf die Erfahrung eines schwerwiegenden emotionalen oder psychosozialen Verlusts oder Mangels vor allem in der Frühkindheit, aber auch später. Darunter fallen zum Beispiel der Tod eines Elternteils, Hospitalisierungserfahrungen, Verwahrlosung oder Gefangenschaft. Eine massive und anhaltende Deprivation führt zum Empfinden von heftiger, unerträglicher Frustration und wird als Ursache verschiedenster seelischer Erkrankungen angesehen. Geringfügige Deprivationen sind aufgrund der prinzipiellen menschlichen Begrenztheit und Unvollkommenheit in keiner Entwicklung zu vermeiden. Sie spielen in erträglicher Dosierung sogar eine wichtige Rolle als Entwicklungsanreize. Seelisch zu bewältigende Trennungserlebnisse gehören zum Beispiel unumgänglich zur ➔ Subjekt-Objekt-Differenzierung.

Desidentifizierung
Desidentifizierungen finden statt, wenn bestehende Identi-

fizierungen durch Erfahrungen, Einsichten oder neue Ideen verändert werden. Überraschungsmomente können die Möglichkeiten fördern, Neues zu akzeptieren.

Desillusionierung
Desillusionierung bezeichnet den seelischen Vorgang des Abbauens von Selbsttäuschungen. Illusionen im Sinne von Überschreitungen des Realitätsprinzips (zum Beispiel die → Idealisierung) gehören zunächst zu den nicht krankhaften Phänomenen im Seelenleben, die das Aushalten der Wirklichkeit eher möglich machen. Insofern stehen sie in der Nähe von Spielen und Phantasieren. Sie können aber auch zu einer krankhaften Verzerrung der Wahrnehmung von Realität führen. Insofern bedürfen sie einer Korrektur durch notwendige Enttäuschungen. Ein gesundes Umgehen mit der Wirklichkeit besteht in einem angemessenem Gleichgewicht zwischen dem Anerkennen des Realitätsprinzips (Desillusionierung) und von Entwürfen in ein »Jenseits des Realitätsprinzips« (Illusionsbildungen).
Siehe auch: Entidealisierung

Destruktion
Destruktion bezeichnet den zerstörerischen Aspekt der Aggressivität, während Aggression als ein zunächst wertfreier, neutraler Begriff für vorwärtsbewegende oder entbindende Impulse und Tendenzen verwendet werden kann. Aber nicht nur die Aggression im Sinne einer Aktivität hat ihre konstruktiven Aspekte, sondern auch die Destruktion kann Voraussetzung und Bedingung eines Neubeginns oder einer kreativen Leistung sein (→ Kreativität). Das Schaffen einer steinernen Skulptur ist beispielsweise nur möglich, indem die ursprüngliche Form des Steins zerstört wird.

Innerhalb der Psychoanalyse gibt es unterschiedliche Auffassungen darüber, ob es einen angeborenen Destruktionstrieb (→ Todestrieb) gibt oder ob Destruktivität eine sekundäre Bildung ist, zum Beispiel eine Folge von übermäßigen Frustrationen.

Determiniertheit, mehrfache
Der Begriff der mehrfachen Determiniertheit oder Überdeterminierung, ursprünglich aus der psychoanalytischen Traumpsychologie stammend, versucht dem Phänomen gerecht zu werden, daß es selten einfache Ursache-Wirkungszusammenhänge im seelischen Geschehen gibt. Seelischen Produktionen wie Träumen, Fehlleistungen, Symptomen und bewußten Handlungen liegen in der Regel eine Vielzahl determinierender Motive und Faktoren zugrunde.

Determiniertheit, psychische
Auch: Determinierung, bedeutet im psychoanalytischen Verständnis, daß alle seelischen Phänomene wie zum Beispiel Träume, Fehlleistungen, Symptombildungen, aber auch bewußte Handlungen, eine prinzipiell erschließbare Motivierung, eine unbewußte Bedeutung und einen Sinngehalt besitzen.

Determinierung
Siehe: Determiniertheit, psychische; Determiniertheit, mehrfache

Deutung
Die Deutung stellt eines der wichtigsten Werkzeuge des Analytikers dar. Sie bildet das vorläufige Ergebnis der Analyse freier Assoziationen des Patienten und seiner gesamten (auch der nonverbalen) Kommunikation sowie deren Wirkung auf den Analytiker. Grundlage aller Interventionen ist die Haltung der gleichschwebenden Aufmerksamkeit sowie die Untersuchung der Übertragung und des Widerstands des Patienten und der Gegenübertragung des Analytikers. Die Deutung als hypothetisches Angebot für den latenten Sinngehalt von Träumen, Symptomen, Assoziationsketten, Wünschen, Ängsten oder Erinnerungen und ihre Bedeutung für die Beziehung des Patienten zum Analytiker zielt darauf ab, dem Patienten Zugang zu seinen unbewußten seelischen Inhalten zu verschaffen. Durch seine Deutungen kann der Analytiker dem Patienten dabei helfen, schmerzhafte oder blockierende psychische Erlebnisse, die er bis-

lang nicht in sein Selbst integrieren konnte, nun modifiziert durch das Verstehen des Analytikers (→ Container) wieder in sich aufzunehmen. Objektbeziehungstheoretiker messen Deutungen, die das »Hier und Jetzt« der Beziehung zwischen Patient und Analytiker und ihre Wirkung in der Sitzung ansprechen, eine große Wichtigkeit in der Behandlung bei. Eine Deutung entsteht immer im Rahmen der Beziehung. Die therapeutische Beziehung ist per se ein wirksames Behandlungsinstrument.

Deutung, genetische
Eine Deutung, die einen Zusammenhang zwischen aktuellen Gefühlen, Gedanken, Konflikten und Verhaltensweisen einerseits und einer vergangenen, oft bis in die Kindheit zurückreichenden Situation andererseits herstellt, wird als genetische Deutung bezeichnet. Solche Deutungen ermöglichen die Rekonstruktion der Geschichte des inneren psychischen Lebens von Patienten, die in gewisser Weise aber immer auch eine Neukonstruktion darstellt.

Deutung, Übertragungs-
Deutungen, welche die Beziehung zwischen Patient und Psychoanalytiker aufgreifen. »Übertragungsdeutungen« werfen ein Licht auf die Verzerrung, die in der therapeutischen Beziehung entsteht, wenn eine Übertragung von Beziehungen zu Objekten, die im Leben des Patienten wichtig waren, auf den Psychotherapeuten stattfindet.

Diagnose
Die psychoanalytische Diagnose dient der Einschätzung und dem Verständnis der seelischen Erkrankung und der Indikationsstellung. Sie begründet auch die Entscheidung des Psychotherapeuten für oder gegen eine Behandlung mit einem bestimmten Patienten. Dabei spielt das Erfassen psychodynamischer Prozesse und Interaktionsmuster eine gewichtigere Rolle als die deskriptive oder klassifikatorische Einordnung der Erkrankung. Von Interesse sind deshalb vor allem Fähigkeiten des Patienten zur Einsicht (→ Introspektion), seine Möglichkeiten zur sozialen und emotiona-

len Kontaktaufnahme, die Struktur und mögliche Fixierung seiner Abwehrmechanismen, sein Leidensdruck und seine Psychotherapiemotivation.

Die psychoanalytische Diagnose gründet zumeist auf einer Reihe von ➔ Erstinterviews, psychodiagnostischen Gesprächen und seltener auf einer psychiatrischen Anamnesenerhebung, einer psychologischen Exploration oder einem Testverfahren. Insofern wird bei ihr von Beginn an der Beziehungsaspekt und damit der Einbezug des Patienten als bedeutsamer Mitarbeiter in seinen therapeutischen Prozeß hervorgehoben.

Dingvorstellung
Siehe: Sachvorstellung/Dingvorstellung

Dissoziation
Durch diesen unbewußten Abwehrmechanismus werden zusammengehörige seelische Inhalte voneinander abgespalten und sozusagen »getrennt aufbewahrt«. Dabei können beispielsweise die Affekte von den Bildern oder Gedanken, zusammengehörige kognitive Inhalte oder Gefühle und Körperfunktionen psychisch voneinander abgetrennt werden und sind dann nur noch als Fragmente zugänglich.

Dissoziationsprozesse dienen vor allem der Bewältigung traumatischer Erfahrungen.

Der Vorgang der Dissoziation steht in enger Verbindung mit Abwehrmechanismen wie der ➔ Spaltung, ➔ Fragmentierung und Desintegration.

Durcharbeiten
Die Psychoanalyse unterscheidet drei wesentliche Bestandteile eines psychoanalytischen Behandlungsprozesses: Wiederholen, Erinnern und Durcharbeiten. Letzteres ist die psychische Arbeit, die geleistet werden muß, um das im Hier und Jetzt einer Psychotherapie Wiederholte, Erinnerte und Gedeutete in das bewußte Selbst des Patienten zu integrieren. Durch solcherart verinnerlichte Einsichten, die immer sowohl einen rationalen, kognitiven Anteil als auch einen emotionalen, affektiven Anteil umfassen, wird es mög-

lich, von konfliktbedingten, unbewußten zwanghaften Wiederholungen freier zu werden.

Einfälle, freie
Siehe: Assoziation, freie

Einfühlung
Die Fähigkeit zur Einfühlung in einen anderen Menschen ist eine grundlegende Voraussetzung dafür, sich überhaupt in die seelische Welt eines anderen hineinversetzen zu können und ihn dadurch zu verstehen. Die Einfühlung spielt schon in den allerfrühesten Austauschprozessen zwischen Mutter und Kind eine entscheidende Rolle für die Selbstentwicklung (→ Affekt-Attunement). Denn durch die empathische Resonanz, mit anderen Worten, das Anerkanntwerden durch den anderen, wird das Selbsterkennen des Individuums maßgeblich gefördert. Die Fähigkeit zur Einfühlung ist auch die Voraussetzung zum Mitleiden, zur Entwicklung der Fähigkeit zur → Besorgnis und zur Verantwortung. Außerdem gehört das Erleben empathischen Austausches wohl zu den bedeutsamen Wirkfaktoren jeder psychotherapeutischen Behandlung.

Einsicht
Allgemein wird der Begriff Einsicht im Sinne der Selbstbeobachtung (→ Introspektion) verwendet. Im Rahmen einer psychoanalytischen Behandlung ist eine Einsicht das Endergebnis eines Durcharbeitungsprozesses (→ Durcharbeiten). Einsichten dieser Art umfassen immer sowohl einen rationalen, kognitiven Anteil als auch einen emotionalen, affektiven Anteil. Einsichten sind zugleich Ausdruck von strukturellen psychischen Veränderungen, die im Analysanden oder Patienten vor sich gegangen sind. Sie können zu einer Verminderung oder Befreiung von konfliktbedingten, unbewußten, zwanghaften Wiederholungen führen.

Elternimago, idealisierte
Dieser Begriff aus der Selbst-Psychologie beschreibt den Versuch eines psychischen Ausgleichs für den Verlust des

frühkindlichen seelischen Gleichgewichts im primären Narzißmus, indem unbewußt ein Bild idealisierter Eltern innerlich errichtet wird. Dieser Verlust tritt ein, wenn durch das unvermeidliche Versagen und die unausweichlichen Versagungen der Mitwelt die in der Phantasie erlebte frühkindliche narzißtische Vollkommenheit des Verschmolzenseins zwischen Mutter und Kind zerbricht. Dabei wird diese (verlorene) Großartigkeit unbewußt der Vorstellung von einem bewunderten allmächtigen Selbstobjekt zugewiesen, der idealisierten Elternimago. Diese Teilstruktur führt durch seelische Transformation zu dem einen Selbst-Pol der Werte, Ideale und Zielvorstellungen (→ Selbst, bipolares).

Siehe auch: Übertragung, idealisierende; Idealisierung

Empathie
Gleichbedeutend mit → Einfühlung

Entidealisierung
Bedeutet das Rückgängigmachen oder Aufheben von Idealisierungen. Entidealisierungen sind die Voraussetzung für gelingende Ablösungsprozesse in der Eltern-Kind-Beziehung und auch in therapeutischen Beziehungen.

Siehe auch: Desillusionierung

Entwicklung, libidinöse infantile
Die klassische psychoanalytische Theorie postuliert verschiedene Phasen für die libidinöse Entwicklung des Menschen in der Kindheit, bis er etwa nach dem fünften Lebensjahr in die Latenzphase eintritt, die bis zum Beginn der Pubertät reicht. Sigmund Freud unterscheidet folgende Entwicklungsphasen, in denen es zu einer jeweils mehr oder weniger stark ausgeprägten Organisation der Libido unter dem Primat einer spezifischen → erogenen Zone kommt und in der zugleich eine bestimmte Objektbeziehung vorherrscht: die orale, die anale, die phallische oder ödipale und die genitale Stufe. Die ersten beiden Phasen werden auch als präödipal bezeichnet. Ihre Benennung erfolgte nach den jeweiligen Hauptquellen libidinöser Lust in den verschiedenen Entwicklungsabschnitten: Mund, Anus und

Penis. Es wurde kritisiert, daß bei dieser »klassischen« Einteilung die weibliche Perspektive unberücksichtigt blieb.

Siehe auch: Entwicklung, psychosexuelle

Entwicklung, psychosexuelle
Die Psychoanalyse untersucht die seelische Entwicklung des Menschen unter verschiedenen Gesichtspunkten, zum Beispiel dem der Sexualität, der Individuation (Margaret S. Mahler), der Selbst- beziehungsweise Selbstobjektbeziehungen (Heinz Kohut) oder der Objektbeziehungen. Steht dabei wie vor allem in der frühen Psychoanalyse die sexuelle oder libidinöse Betrachtung im Vordergrund, so werden die psychosexuellen Stadien, die orale Phase, die anale Phase, die phallisch-ödipale Phase, die Latenzzeit, die Pubertät oder Adoleszenz und die Genitalität erforscht. Sie sind durch die im entsprechenden Alter jeweils im Erleben vorherrschenden → erogenen Zonen (zum Beispiel: Mund, Anus, Genitale) bestimmt.

Ergänzungsreihe
Dieses von Sigmund Freud entwickelte Konzept beschreibt das Zusammenwirken angeborener, konstitutioneller und lebensgeschichtlich bedingter, akzidenteller Faktoren für die gesunde beziehungsweise kranke Sexualentwicklung und die Neurosenbildung. Das Konzept überwindet die unfruchtbare polarisierende Fragestellung: angeboren oder erworben, endogen oder exogen?

Erogene Zone
Damit werden alle körperlichen Bereiche bezeichnet, die sexuelle Erregung und Lustempfindungen verschaffen können. Im engeren Sinne sind es die orale, anale, urogenitale und die Brust-Zone, im weiteren Sinne ist es die gesamte Hautoberfläche oder der ganze Körper.

In der Freudschen Entwicklungskonzeption stehen in den Entwicklungsphasen jeweils bestimmte erogene Zonen im Vordergrund des (lustvollen) Erlebens.

Siehe auch: Entwicklung, libidinöse infantile; Entwicklung, psychosexuelle

Eros
Sigmund Freud benutzte den Namen des griechischen Gottes der Liebe »Eros«, um den ➔ Lebenstrieb im Gegensatz zum ➔ Todestrieb zu benennen.

Erstinterview
Das psychoanalytische Erstinterview, auch »Erstgespräch«, ist das grundlegende diagnostische Instrument in den anfänglichen Begegnungen zwischen einem Psychoanalytiker und seinem Patienten. Im Gegensatz zu einer »objektivierenden« biographischen Anamneseerhebung oder Testpsychologie ist der Blick im Erstgespräch auf die subjektiven Bedeutungen von Fakten und die unbewußte Reinszenierung unbewältigter Konflikte in der Beziehung zwischen Patient und Psychoanalytiker gerichtet, die ab dem ersten Kontakt zwischen beiden einsetzt. Infolge dieser Ausrichtung der Erkenntnishaltung besitzt das psychoanalytische Erstinterview von Beginn an neben der diagnostischen auch eine therapeutische Funktion. Das klassische Erstinterview dient auch mehr einer subjektiven Indikation – das heißt der Überprüfung, ob ein bestimmter Psychoanalytiker mit einem bestimmten Patienten konstruktiv zusammenarbeiten kann – als einer umfassenden differentiellen und Strukturdiagnose, die sowieso erst im Verlauf oder im Grunde erst am Ende einer Behandlung zuverlässig bestätigt werden kann.

Es
Das Es – Sigmund Freud übernahm diesen Begriff von Georg Groddeck, der ihn bei Friedrich Nietzsche gefunden hatte – ist neben dem Ich und dem Über-Ich einer der drei Strukturbereiche im ➔ Instanzenmodell. Im Es, das am engsten mit dem Körper verbunden ist, werden vor allem die angeborenen Triebe und Grundaffekte lokalisiert. In diesem Sinne ist das Es das Energiereservoir der Persönlichkeit. Im Es dominiert das Lustprinzip, und es folgt den Regeln primärprozeßhaften Denkens. Neben allem Angeborenen wird im Es hauptsächlich das vor dem Bewußtsein Verdrängte angesiedelt. Teilweise wird das Es mit dem Un-

bewußten gleichgesetzt, andere begreifen das Unbewußte als einen Teil des Es. Aus diesem Grund ist ein Zugang zum Es nur über Deutungsarbeit wie zum Beispiel bei der Traumdeutung möglich. Das Verhältnis zwischen Ich und Es charakterisierte Sigmund Freud in der Metapher vom Reiter (Ich), der sich bemüht, die überlegene Kraft des Pferdes (Es) zu zügeln. In seinem späteren Werk setzt Sigmund Freud die Kraft des Ich höher an, bis hin zu seiner bekannten Zielbestimmung der allgemeinen und der therapeutischen Entwicklung: »Wo Es war, soll Ich werden«.

Externalisierung
Bedeutet allgemein die Veräußerlichung eines inneren Geschehens. Das Spektrum der Externalisierung ist breit gefächert und umfaßt sowohl leichtere als auch extreme Formen. Im engeren Sinn ist die Externalisierung eine unbewußte seelische Aktivität, die dem Bereich der Abwehrmechanismen zuzuordnen ist. Dabei handelt es sich um den Versuch des Subjekts, sich von konflikthaften, unbefriedigenden oder unerträglichen inneren Anteilen des Selbst oder Anteilen der Objekte zu befreien. Werden diese einer anderen Person oder einem Objekt zugeordnet und mit diesem verknüpft, spricht man von Projektion.

Die Externalisierung der unbewältigten Konflikte in die psychoanalytische Situation und die Beziehung zum Therapeuten schafft die inhaltliche Grundlage für den therapeutischen Prozeß. Die Externalisierung innerer Vorgänge spielt auch bei kreativen Prozessen oder Religionsausübungen eine wichtige Rolle. Das Spielen des Kindes stellt eine Externalisierung seiner Phantasieaktivitäten dar. Externalisierungen können im Rahmen einer Paar- oder Familienkonstellation interpersonale Abwehrarrangements begründen sowie im Rahmen von Institutionen oder Organisationen institutionalisierte Abwehr.

Siehe auch: Delegation; Projektion; Agieren; Übertragung; Wiederholung; Abwehr, interpersonale; Abwehr, institutionalisierte

Extremtraumatisierung
Ein Begriff für eine lebensbedrohliche Erfahrung von unkalkulierbarer Gewalt. Die destruktive Bedrohung besteht in einem willentlich ausgeübten Gewaltakt durch einen oder mehrere andere Menschen (zum Beispiel Vergewaltigung, Folter, Terror). Es kann sich um eine einmalige oder über längere Zeit ausgeübte Zerstörungsmaßnahme (beispielsweise Lagerhaft) handeln. Durch die Plötzlichkeit oder Unberechenbarkeit der Gewalterfahrung ist das Opfer häufig nicht in der Lage, angemessene körperliche oder seelische Schutzmaßnahmen zu ergreifen, oder die vorhandenen werden durch die Gewalttäter systematisch ausgeschaltet. Als Folge dieser Gewalterfahrung, bei der nur noch das Überleben zählt, kann es dazu kommen, daß die Betroffenen ihr gesamtes späteres Leben als eine unaufhörliche Gefahrensituation erleben, so daß sie durch die ständige Angst und Spannung am »lebendigen« Leben gehindert werden. Die Zerstörung der Bewältigungs-, Abwehr- und Container-Funktionen durch die Extremtraumatisierung bewirkt, daß diese Menschen sich innerlich sozusagen lebenslänglich im Überlebenskampf befinden.

Der Begriff der Extremtraumatisierung wird am häufigsten in Zusammenhang mit den Opfern von Gewalterfahrungen in der Zeit des Nationalsozialismus gebraucht.

Der von Hans Keilson eingeführte Begriff der sequentiellen Traumatisierung unterscheidet mehrere Phasen der traumatischen Erfahrung: eine erste Phase der allgemeinen Bedrohung (zum Beispiel Besetzung eines Landes durch den Feind), eine zweite Phase der direkten Verfolgung und Gewalterfahrung und als dritte Phase die anschließende Zeit, in der das Opfer durch Reaktionen und Handlungen der Mitwelt möglicherweise noch zusätzlich sekundär traumatisiert wird. Extremtraumatisierungen können destruktive Auswirkungen noch auf die nachfolgenden Generationen haben (»transgenerationale psychische Vererbung«).

Falsches Selbst
Siehe: Selbst, Falsches

Fehlleistung
Die Psychoanalyse betont mit der Formulierung »Fehl-Leistung« das Kreative in den verschiedenen Formen von unbewußten Fehlhandlungen, die Sigmund Freud in seiner »Psychopathologie des Alltagslebens« ausführlich beschrieben hat. Fehlleistungen sind wie Träume und Symptombildungen in der Regel sinnvolle Kompromißbildungen, die sich aus Konflikten zwischen bewußten Intentionen des Individuums und unbewußten Abwehrbewegungen ergeben. Zu den Fehlleistungen zählen Vergessen, Versprecher, Vergreifen und vieles andere mehr. Neuropsychologische Forschungen weisen darauf hin, daß manche Fehlleistungen auch durch hirnorganische Fehlleitungen zustande kommen können.

Fetischismus
Der Fetischismus stellt eine Form sexueller Perversion dar, bei der die sexuelle Erregung oder Befriedigung nur mit Hilfe eines Fetischs (z. B. Pelz, Schuhe, Strümpfe), bestimmter unbelebter Objekte oder Teile des Körpers (zum Beispiel Nase, Fuß) erzielt werden kann, statt durch das Zusammensein mit einem menschlichen Liebesobjekt. Psychoanalytischen Überlegungen zufolge weicht der, in der Regel männliche, Fetischist einer reifen, genital organisierten sexuellen Begegnung aus. Die klassische psychoanalytische Erklärung bestand darin, daß die Konfrontation mit dem penislosen weiblichen Genital derartige Kastrationsangst mobilisieren würde, daß der Perverse vor der »ganzen« Frau flieht. Modernere, modifizierte Erklärungen heben mehr die frühen Ängste hervor, die einer ungelösten Mutterbindung entstammen, also Überwältigungs-, Verfolgungs-, Verschmelzungs- und Vernichtungsängste, die den Perversen vor einer ganzheitlichen genitalen Begegnung mit der Frau zurückschrecken lassen.

Fixierung
Bezeichnet das zwanghafte affektive oder kognitive Gebundensein beziehungsweise Gebundenbleiben an bestimmte Personen oder Situationen. Die Fixierung kann mit einer

Entwicklungshemmung (zum Beispiel: orale oder anale Fixierung) einhergehen und sich im Verhalten in Wiederholungszwängen manifestieren.

Fokaltherapie
Die Fokaltherapie ist eine spezifische Form der Kurzpsychotherapie, bei der in einer begrenzten Sitzungszahl konzentriert an einem Kernkonflikt oder -problem, dem »Fokus«, gearbeitet wird.

Fokus
Mit Fokus wird vor allem in der ➔ Fokaltherapie oder ➔ Kurzpsychotherapie der abgrenzbare, wichtigste unbewußte Konflikt, der zentrale Beziehungskonflikt (Lester Luborsky), bezeichnet, um den sich die therapeutische Arbeit dreht. Im Idealfall offenbart sich der Fokus als Überschneidungsbereich zwischen der ➔ Übertragungsbeziehung, den aktuellen Beziehungskonflikten und den unbewältigten Entwicklungskonflikten.

Fragmentierung
Seelische Fragmente sind das Produkt von unbewußten Spaltungs- und Desintegrationsprozessen. Es handelt sich bei der ➔ Spaltung und Fragmentierung um sogenannte »frühe« Abwehrmechanismen, die gegen spezifische Ängste (beispielsweise die Angst, unendlich zu fallen oder in Stücke zu zerfallen) gerichtet sind. In bedrohlichen und nicht zu bewältigenden Konfliktsituationen werden bestimmte Anteile der äußeren oder inneren Wirklichkeit voneinander getrennt und aus ihrem Zusammenhang gerissen. Auch das Ich-Selbst kann aus Überlebensmotiven aufgespalten werden. Die Selbst-Fragmentierung oder Ich-Auflösung führt im Extremfall zur Psychose.

Freie Assoziation
Siehe: Assoziation, freie

Freie Einfälle
Siehe: Assoziation, freie

Fremd(es)
Das Fremde ist grundsätzlich alles Nicht-Eigene, alles mir Nicht-Identische.

Das Fremde und das Eigene bedingen sich gegenseitig, nur vom Nicht-Ich kann ich mein Ich abgrenzen und am anderen meine Identität bestimmen. Das Fremde kann genauso Quelle von Angst sein wie Repräsentant von Sehnsüchten und Wünschen oder eine Herausforderung zur Entwicklung.

Für den Psychoanalytiker in seiner klinischen Tätigkeit ist das Fremde vor allem das Unbewußte. Der »leibhaftige Fremde« kann – da er angreifbar ist – den Menschen vor seiner Angst vor dem »unfaßbaren Fremden«, dem Unbekannten, Unheimlichen oder Unbefriedigten in sich selbst entlasten. Häufig dient der Fremde auch zur Projektionsfläche unserer verdrängten »schlechteren Hälfte« und unserer eigenen ungelösten Konflikte. Durch den Vorgang der Projektion kann so das eigene Böse unbewußt in das böse Fremde verwandelt werden.

Fremdenangst und Fremdenfeindlichkeit können in diesem Sinne als Produkte einer Störung der gesunden narzißtischen Regulation verstanden werden.

Fremde Geste
Siehe: Geste, fremde

Frühe Ich-Störung
Siehe: Ich-Defekt/Frühe Ich-Störung

Frühe oder primitive Abwehrmechanismen
Siehe: Abwehrmechanismen, frühe oder primitive

Früher oder prägenitaler Ödipuskomplex
Siehe: Ödipuskomplex, früher oder prägenitaler

Frühstörung
Das Forschen und Denken Sigmund Freuds konzentrierte sich im hohen Maß auf die von ihm beschriebene »klassische« ödipale Konstellation und auf die Konflikte im Drei-

eck Vater, Mutter, Kind etwa zwischen dem 3. und 5. Lebensjahr. Es blieb seinen Nachfolgern vorbehalten, die davorliegenden Entwicklungsbereiche und ihre Störungen einer intensiveren Analyse zu unterziehen. Aufgrund ihrer frühen Genese handelt es sich dabei in der Regel um schwerwiegendere Entwicklungsschäden des Ich und des Selbst, die auch als ➔ Grundstörung oder ➔ strukturelle Störungen bezeichnet werden. Zu diesen Erkrankungen zählen unter anderem auch: Borderline-Störungen, Dissozialität, Narzißtische Störungen, schwere Depressionen, Perversionen und Suchterkrankungen.

Siehe auch: Ich-Defekt/Frühe Ich-Störung; Präödipalität

Frustration
Das heftige und anhaltende Gefühl emotionaler Enttäuschung erwächst aus der Nichtbefriedigung von Bedürfnissen, Wünschen und Erwartungen. Auch wenn bisweilen der Begriff »Frustration« gleichbedeutend mit ➔ »Deprivation« verwendet wird, ist im engeren Sinne das Empfinden der Frustration die gefühlsmäßige Folge einer Deprivation. Ein massives traumatisierendes oder ein chronisch erfahrenes Enttäuschungsgefühl kann weitere seelische Reaktionen nach sich ziehen wie Verunsicherung, Angst oder Aggression und Destruktion. Es kann schließlich sogar die Entwicklung einer seelischen Erkrankung wie zum Beispiel einer Neurose oder einer psychosomatischen Krankheit einleiten.

Maßvolle und erträgliche Frustrationen besitzen eine herausfordernde und damit entwicklungsfördernde Funktion. Die Fähigkeit, unvermeidliche Versagungen im Leben auszuhalten, wird als »Frustrationstoleranz« bezeichnet.

Furor sanandi
Lateinischer Begriff für »Heilungseifer«. Schon Sigmund Freud warnte die Psychoanalytiker vor einem übermäßigen therapeutischen Ehrgeiz, der den Patienten nur enteigne und entmündige und dessen Selbstheilungskräfte schwäche. Er zitiert dazu einen Ausspruch des französischen Chirurgen Ambroise Paré: »Je le pansai, Dieu le guérit« (Ich versor-

ge seine Wunden, Gott heilt ihn). An die Stelle des Heilungseifers setzt die Psychoanalyse die neutrale »Absichtslosigkeit« oder »Tendenzlosigkeit« des Psychotherapeuten, die dem Patienten einen möglichst großen Freiraum für seine eigenbestimmte heilsame Selbstentwicklung verschaffen soll.

Gegenübertragung

Die gegenwärtige psychoanalytische Theorie versteht darunter die Gesamtheit bewußter und unbewußter Reaktionen des Analytikers auf den Patienten und dessen Übertragung. Die Analyse der Gegenübertragung setzt voraus, daß der Analytiker in der Lage ist, seine inneren Prozesse wahrzunehmen und sich reflektierend damit auseinanderzusetzen. Das erleichtert es ihm, zwischen seiner Gegenübertragung und seiner eigenen Übertragung auf den Patienten zu unterscheiden. Da die klassische Psychoanalyse zwischen der Gegenübertragung des Analytikers im engeren Sinn und seiner Übertragung auf den Patienten keine Differenzierung vornahm, wurde die Gegenübertragung zunächst als ein störendes Element in der psychoanalytischen Behandlung verstanden. Spätere Entwicklungen (Paula Heimann, Margaret Little) betrachteten die Gegenübertragungsanalyse als ein wichtiges Werkzeug zum Verständnis des Patienten. Neben der Übertragung des Patienten und den symbolischen Inhalten seiner Einfälle kann sie Grundlage von Deutungen sein. Heinrich Racker unterscheidet zwischen einer konkordanten Gegenübertragung (in Identifikation mit dem Patienten) und einer komplementären Gegenübertragung (bei der sich der Analytiker mit inneren Objekten des Patienten oder zum Beispiel mit dessen Über-Ich identifiziert). Die Gegenübertragung hat im Lauf der Zeit für die analytische Situation einen zunehmend höheren Stellenwert gewonnen und kann zu dem Erkenntnisinstrument par excellence gerade bei frühen präverbalen Anteilen des Patienten werden.

Genetische Deutung
Siehe: Deutung, genetische

Genitalität, Genitale Phase oder Genitalorganisation
In der Theorie der psychosexuellen Entwicklungsstufen wird die Genitalität als die reifste Stufe betrachtet. Frühere Phasen (oral, anal, phallisch, eine angemessene Formulierung für die weibliche Entwicklung fehlt) werden unter dem Primat der Genitalien organisiert. Mit anderen Worten: die Fähigkeit zu befriedigenden genitalen sexuellen Beziehungen und zur Fortpflanzung ist nun voll ausgebildet. In der genitalen Stufe ist es zu einer Ich-Reifung, einer Integration von Identifizierungen, der Möglichkeit zur Triebkontrolle und zur Sublimierung gekommen. Dieser Prozeß ist mit einer gelungenen Bewältigung des Ödipuskomplexes verbunden. Die psychosexuelle Entwicklung erfolgt in zwei großen Abschnitten, der Kindheit und der Pubertät beziehungsweise Adoleszenz, mit einem relativ ruhigen Zwischenstadium, der Latenz. Die genitale Stufe wird bei normalem Entwicklungsverlauf im zweiten Teil ausgebildet, auch wenn die Grundlagen dafür schon in den frühen Phasen des ersten Abschnitts bis zur phallischen Stufe geschaffen werden.

Objektbeziehungstheoretisch betrachtet, ist die Genitalität immer in Zusammenhang mit der Fähigkeit zu stabilen und reifen Objektbeziehungen zu sehen.

Geste, fremde
Dieser Begriff von Donald W. Winnicott stellt den Gegenbegriff zur »spontanen Geste« dar. Aus dem Blickwinkel des Kindes handelt es sich dabei um Gesten, die ihm anstelle seiner Eigenbewegungen von der Mutter oder anderen Beziehungspersonen aufgezwungen werden. Auf diese Weise werden seine eigenen spontanen Gesten sinnlos, und das Kind wird genötigt, den fremden Gesten Sinn zu verleihen. Die Unterwerfung unter die fremde Geste und die dadurch begründete Gefügigkeit führen zur Entwicklung eines Falschen Selbst (➔ Selbst, Falsches). Das Spannungsfeld zwischen der spontanen, eigenen, und der fremden Geste besitzt in der frühesten Kindheit und der Adoleszenz ein ganz besonderes Gewicht, kann jedoch zu jeder Lebenszeit und in allen Beziehungen immer wieder eine Rolle spielen.

Geste, spontane
Dieser Begriff von Donald W. Winnicott bezieht sich auf alle vom Kern des Selbst spontan ausgehenden, also nicht-reaktiven körperlichen und seelischen Bewegungen. Die spontanen Gesten erstrecken sich zunächst in den konkreten, körperlichen Raum zwischen (der Haut) der Mutter und (der Haut von) dem Kind und auch in den imaginären → Möglichkeitsraum zwischen beiden. Die positive Resonanz und Bestätigung dieser Gesten durch die Mutter (→ Selbstobjekt) verleiht ihnen einen Sinn und hilft dem Kind dabei, den Bereich seines Wahren Selbst zu entfalten und zu erweitern. Drücken die Mutter und andere dem Kind statt dessen ständig ihre eigene Geste, mit anderen Worten, eine dem Kind fremde Geste auf, dann muß das Kind darauf reagieren und wird mit der Zeit zur Abwehr der Übergriffe ein Falsches Selbst entwickeln müssen.
Siehe auch: Selbst, Falsches; Selbst, Wahres

Gewissen
Das Gewissen wird von der Psychoanalyse hauptsächlich unter seinem funktionalen Aspekt betrachtet. Dabei geht es um eine differenzierende Untersuchung der seelischen Verknüpfungsprozesse zwischen den Gewissensforderungen des Über-Ich-Systems und des Integritätskerns der Persönlichkeit und den Gewissensentscheidungen durch das Ich. Die sich im Gewissen äußernde Fähigkeit zur Schulderfahrung ist wohl nicht angeboren, sondern bedarf hinreichend guter, förderlicher Mitweltbedingungen, um zur vollen Entfaltung im Sinne einer Selbst-Verantwortung als reifstem Modus zu gelangen. Die Pathologie des Gewissens kann zum Beispiel in einer übermäßigen Aufblähung des Über-Ich-Systems (beispielsweise: Moralismus, Fundamentalismus, Zwanghaftigkeit) oder im Gegenteil in einem Mangel oder Ausfall von Über-Ich-Strukturen (etwa bei der Dissozialität) bestehen.

Gier
Dabei handelt es sich um eine innere Haltung, mit welcher der Säugling, das Kind oder auch der Erwachsene Objekten

seiner Mitwelt begegnet. Das Spektrum der Gier erstreckt sich von der »normalen«, angeborenermaßen unterschiedlich starken Ausprägung bis zu extremen Formen. Die Gier wird ursprünglich mit Vorgängen der ➜ Inkorporation, also zunächst der Nahrungsaufnahme, in Verbindung gebracht. Sie spielt auch eine Rolle bei Prozessen der Wissensaufnahme (Neu-gier, Wißbe-gier)

Donald W. Winnicott betrachtet die Gier im Sinne der Gierigkeit als eine Folge von überstarken körperlichen oder emotionalen Mangelerfahrungen. Sie geht dann mit Gefühlen von Wut und Aggression einher. Wie insbesondere von der kleinianischen Psychoanalyse herausgearbeitet wurde, kann die wütende oder gewalttätige Gier auch angeboren sein. Die gewaltsame orale Inkorporation kann im Kind eine Phantasie auslösen, dadurch das Objekt vernichtet zu haben. Deswegen kann die gierige Einverleibung keine Befriedigung oder Erleichterung verschaffen, denn das Objekt ist durch seine phantasierte Zerstörung wertlos geworden. So kann ein Zustand der Unersättlichkeit begründet werden. Darüber hinaus ist das Objekt durch seine gewalttätige Verinnerlichung nun möglicherweise zu einem nach Vergeltung trachtenden inneren Verfolger geworden (➜ Objekt, gutes/böses).

Gleichschwebende Aufmerksamkeit
Siehe: Aufmerksamkeit, gleichschwebende

Größen-Selbst
Das unbewußte Schaffen der Vorstellung von einem grandiosen Selbstbild, dem Größen-Selbst, soll einem Ausgleich für den Verlust des frühkindlichen seelischen Gleichgewichts im primären Narzißmus dienen. Dieser Verlust tritt ein, wenn durch das unvermeidliche Versagen und die unausweichlichen Versagungen der Mitwelt die in der frühkindlichen Phantasie erlebte narzißtische Vollkommenheit des Verschmolzenseins zwischen Mutter und Kind zerbricht. Diese Großartigkeit wird dabei dem eigenen Selbst zugeordnet. Aus dem Größen-Selbst erwächst im Lauf der Entwicklung der eine Selbst-Pol des Grundstrebens nach

Selbstbehauptung und Selbstachtung. Sigmund Freud nannte einen vergleichbaren Vorgang die Bildung eines → Ideal-Ich.

Siehe auch: Spiegelübertragung; Elternimago, idealisierte

Größenwahn
Größenvorstellungen können sich bei einer übersteigerten Selbsteinschätzung zu einem Größenwahn verdichten, zum Beispiel bei Psychotikern. Größenvorstellungen sind normale, vorübergehende Phänomene bei Kindern und Adoleszenten und dienen unbewußt primär der Abwehr von Kleinheits- und Minderwertigkeitsempfindungen.

Siehe auch: Allmacht der Gedanken; Omnipotenz

Grundregel
Die Grundregel gehört zu den Rahmenbedingungen des psychoanalytischen Prozesses. Der Inhalt der Grundregel besteht darin, den Patienten anzuregen, mutig und möglichst offen alles mitzuteilen, was er in sich spürt und wahrnimmt und was ihm in den Sinn kommt, ohne es einer vorschnellen Wertung und bewußt kritischen Prüfung (Zensur) zu unterziehen. Dadurch soll die Spontaneität und Freiheit der Einfälle (→ Assoziation, freie), die entscheidendes Material der psychoanalytischen Untersuchung darstellen, begünstigt und gefördert werden. Daneben beachtet die Psychoanalyse allerdings gleichwertig auch alle nichtverbalen Äußerungen von Patienten wie das Schweigen oder körpersprachliche Ausdrucksformen. Die Freiheit der Assoziationen muß immer eine relative bleiben, eine Kompromißbildung aus der unaufhebbaren Spannung zwischen dem Bedürfnis des Patienten, sich zu äußern und mitzuteilen, und seinem ebenso starken Bedürfnis, Eigenes zu bewahren, Geheimnisse zu haben, in seiner »Selbstverborgenheit« zu verbleiben. In diesen Kompromißbildungen bilden sich auch Widerstände und Abwehrmechanismen ab, die einerseits wichtige diagnostische Hinweise geben und zum anderen einem analytischen Durcharbeiten unterzogen werden können.

Grundstörung
Mit dem von Michael Balint entworfenen Konzept der Grundstörung versucht die Psychoanalyse den Problembereich eines frühen Entgleisens im entwicklungsfördernden Dialog zwischen Selbst und Objekt zu erfassen (➔ Frühstörung). Die Grundstörung basiert auf einem seelisch nicht zu verarbeitenden Mißverhältnis zwischen den körperlichen und seelischen Grundbedürfnissen des Babys und der materiellen und psychischen Fürsorge, Pflege, Zuneigung und Liebe, die ihm zuteil werden. Der Begriff der Grundstörung verweist darauf, daß ihr Einfluß sich sehr weitreichend auf die gesamte psychobiologische Struktur erstreckt und das leibseelische Gefüge grundlegend beeinflußt.
Siehe auch: Störung, strukturelle

Gruppenpsychotherapie, psychoanalytische
Neben der »klassischen« Psychoanalyse sind im Lauf der Zeit verschiedene Abwandlungen angewandter psychoanalytischer Behandlung, wie zum Beispiel die Kurzpsychotherapie oder auch die Gruppenpsychotherapie, entwickelt worden. Auf dem Hintergrund der psychoanalytischen ➔ Metapsychologie und spezifischer Gruppentechniken werden ambulant beispielsweise Gruppen im Rahmen von etwa bis zu neun Patienten – sowie, vor allem im stationären Bereich, auch größere Gruppen – kürzer oder längerfristig regelmäßig psychotherapeutisch behandelt.

Gutes/böses Objekt
Siehe: Objekt, gutes/böses

Halten
Der von Donald W. Winnicott propagierte Begriff des Haltens bezieht sich sowohl auf die körperliche wie auch auf die seelische Ebene.
Die Erfahrung des hinreichend guten Gehaltenwerdens ist von besonderer Bedeutung im Aufbaustadium seelischer Strukturen in der Frühkindheit, sie bleibt jedoch das gesamte Leben über wichtig, insbesondere in Krisen. Dann kön-

nen zum Beispiel Partner oder Freunde zu haltgebenden
→ Selbstobjekten werden. Das Erfahren des Gehaltenwerdens begründet beziehungsweise verstärkt die Selbstsicherheit, den inneren »Halt in der Welt« und auch Grundhaltungen.

Die Haltefunktion des Psychotherapeuten als verläßliche Ich-Unterstützung gehört zu den wichtigen produktiven Faktoren eines Behandlungsprozesses (→ Hilfs-Ich).

Siehe auch: Autistisch-berührende Position

Haß
Haß und Wut sind die grundlegenden negativen Affekte, die sich der Aggression zu ihrer Äußerung bedienen. Haß und Liebe bestimmen von Lebensbeginn an die menschlichen Beziehungen. Sigmund Freud ging davon aus, daß der Haß der Liebe vorausgehe, denn es gebe im Säugling eine Tendenz, die Außenwelteinflüsse abzulehnen, da sie für ihn eine Störung der als befriedigend erlebten Mutter-Kind-Symbiose darstellten. Lieben kann man jedoch nur ein von einem selbst getrenntes Objekt, das nach Donald W. Winnicott den frühen Trennungshaß real »überlebt« haben muß. Das Überleben des Objekts erlaubt auch die Erfahrung, daß Haß, Wut und Aggression nicht total zerstörerisch sind, sondern eingegrenzt werden können. Diese Begrenzung ist die Voraussetzung dafür, daß das Kind die nun nicht mehr als grenzenlos überwältigend erlebten Affekte und Impulse in sein Selbst integrieren kann und sie nicht mehr auf andere projizieren muß.

Die kleinianische Psychoanalyse sieht in der depressiven Position die Möglichkeit, Liebe und Haß gegenüber demselben Objekt zu erleben. Dadurch verändert sich die Liebesbeziehung zu ihm. Sein Wohlergehen wird wichtig. Es wächst die Fähigkeit zur Besorgnis um das Objekt (→ Wiedergutmachung).

Donald W. Winnicott führt sechzehn Gründe auf, warum eine Mutter ihr Kind von Anfang an (auch) haßt, nämlich als ein Wesen, das sie zum Beispiel belastet, stört, verunsichert und auch haßt. Allerdings fordert er, daß sie ihre Haßgefühle geduldig erträgt und nicht in realen Handlungen an ihrem Kind ausläßt, denn letzteres würde vom Kind als Selbst-Vernichtung erlebt. Haß und Wut als Reaktionen auf frustrierende Behandlung durch das Objekt sind normal. Winnicott weist auch darauf hin, daß in manchen Behandlungen Patienten sich der Zuwendung und Liebe nur sicher werden können, wenn sie erleben, daß sie in ihrem Analytiker auch tatsächlichen Haß auslösen können, den er und der Patient aber »überleben«.

Helfersyndrom
Dieser von Wolfgang Schmidbauer eingeführte Terminus bezieht sich auf das Problem, daß professionelle Helfer der Gefahr ausgesetzt sind, ihr Helfen unbewußt zur Abwehr eigener Konflikte, anderer Beziehungsformen oder Gefühle zu mißbrauchen. Wenn das Helfen dieser Art zur Sucht wird, wird der »hilflose Helfer« mit großer Wahrscheinlichkeit in einem seelischen Ausgebranntsein (Burnout) enden. Vorbeugend ist es deshalb sinnvoll, daß sich professionelle Helfer frühzeitig und angemessen selber helfen lassen, sei es in Form von Selbsterfahrung, Supervision, Intervision oder persönlicher Psychoanalyse beziehungsweise Re-Analyse, das heißt: einer späteren Wiederaufnahme des eigenen analytischen Behandlungsprozesses.

Hilfs-Ich
In Zeiten eines noch schwachen Ich in der Frühkindheit und Kindheit oder eines geschwächten Ich bei bestimmten seelischen Erkrankungen (zum Beispiel → Frühstörungen, → Grundstörungen, → Strukturelle Störungen) ist es unumgänglich, daß die Mutter und andere Beziehungspersonen beziehungsweise auch Psychotherapeuten vorübergehend Hilfsfunktionen übernehmen. Sie stellen sich damit dem Ich als Hilfs-Ich zur Verfügung. Der Begriff wurde von René Spitz eingeführt.

Hinreichend gute Mutter
Siehe: Mutter, hinreichend gute

Homöostase
Unter Homöostase versteht man das grundsätzliche Bestreben eines Organismus, in einem Gleichgewichtszustand zu verbleiben beziehungsweise in diesen zurückzukehren. Gustav Theodor Fechners Konstanzprinzip und Sigmund Freuds Lust-Unlust-Prinzip werden als psychologische Homöostasekonzepte betrachtet.
Siehe auch: Apparat, psychischer

Homosexualität
Eine Variante der psychosexuellen Orientierung, bei der das Liebes- und Sexualobjekt dem eigenen Geschlecht angehört. Sigmund Freud betrachtete die homosexuelle Objektwahl, aufgrund der Ähnlichkeit zwischen dem Subjekt und dem Objekt der Liebe, als narzißtisch und sprach bei der heterosexuellen entsprechend von einer Objektwahl vom Anlehnungstyp. In der Psychoanalyse geht man von einer konstitutionell vorgegebenen Bisexualität des Menschen aus. Die homosexuelle Orientierung kann manifest oder latent sein. Bei heterosexuell orientierten Menschen können sich homosexuelle Tendenzen in sublimierter Form äußern, zum Beispiel in einer bewundernden Unterwerfung von Männern unter starke Geschlechtsgenossen oder auch in engen freundschaftlichen Beziehungen.
Auch innerhalb der Psychoanalyse bestehen unterschiedliche Auffassungen darüber, ob es sich bei der Homosexualität um eine normale Variation der psychosexuellen Entwicklung, einen Teil eines reichen sexuellen Potentials oder um eine Perversion, eine krankhafte, behandlungswürdige Störung, handelt. Im letzten Fall kann Homosexualität einen Lösungsversuch für nicht bewältigte ödipale Probleme darstellen oder – neueren Auffassungen zufolge – der Bewältigung von Ängsten aus früheren Entwicklungsstufen dienen, zum Beispiel Ängsten vor der symbiotischen Verschmelzung mit der Mutter, Ängsten vor Kontrollverlust oder im weitesten Sinne einer Angst vor der Selbstvernichtung oder dem Selbstverlust. Sie hätte in diesem Sinne eine selbstversichernde, produktiv-konstruktive Regulationsfunk-

tion. Diskutiert wird zur Zeit auch, inwieweit die Homosexualität genetisch begründet sein kann.

Humor
In der Psychoanalyse wird der Humor auch in seiner Funktion als Abwehr von unangenehmen psychischen Erfahrungen betrachtet. Durch Humor wird etwas, das ansonsten Schmerz oder Unlust verursachen würde, in eine lustvolle Erfahrung umgewandelt, so daß es zu einer Befreiung von Spannungen oder gar zu Lustempfindungen kommt: »sich über etwas lustig machen«.

Humor ist eine Ich-Leistung. Dabei entfernt sich das Ich ein Stück von der unmittelbaren Realität, begibt sich auf das Niveau des Symbolischen, des Vorbewußten, und erspart sich auf diese Weise leidvollen Gefühlsaufwand. Auf dieser Ebene sprechen zum Beispiel »Comics« das Ich an und erlauben das identifikatorische Ausleben von aggressiven, narzißtischen oder sexuellen Impulsen ohne Hemmungen oder Schuldgefühle. Neben dem narzißtischen Gewinn, den der Humor bietet, hob Sigmund Freud besonders seinen Wert für die Kommunikation hervor.

Hypochondrie
Eine Angstsymptomatik, die darin besteht, daß im Erleben körperliche und psychische Phänomene auf eine bevorstehende Krankheit hinweisen oder daß eine intensive, als bedrohlich erlebte Überzeugung vorhanden ist, bereits erkrankt zu sein, ohne daß eine Objektivierung möglich ist. Es handelt sich um irrationale, zum Teil wahnhafte Vorstellungen, die im Zusammenhang mit paranoiden Ängsten auftreten können. Hypochondrische Ängste können bei verschiedenen Krankheitsbildern wie zum Beispiel bei der Hysterie, bei Psychosen und Zwangsneurosen vorkommen. In seinen hypochondrischen Ängsten kreist der Patient sehr um sich selbst und weist insofern narzißtische Züge auf. Hypochondrische Ängste können der Ausdruck unbewußter Phantasien sein, in denen die körperlichen und psychischen Zustände ein krankes Objekt repräsentieren. Die intensive Beschäftigung mit dem Körper beim hypochondrischen Syndrom

kann, ähnlich wie zum Beispiel beim selbstverletzenden Verhalten, auf eine tiefe Angst vor dem Körperzerfall (➔ Fragmentierung) hinweisen, die durch die hypochondrische Angst abgewehrt werden soll. Unter objektbeziehungs-psychologischer Perspektive könnte man auch von einem intensiven unbewußten Dialog mit dem eigenen Körper sprechen, der auf entsprechende Mangelerscheinungen in den Objektbeziehungen hinweisen kann.

Hysterie
Ein psychisches Krankheitsbild, dessen Untersuchung die Entwicklung der psychoanalytischen Theorie und Technik bei Sigmund Freud begründete. Er unterschied zwei verschiedene Ausprägungen: die »Konversionshysterie« und die »Angsthysterie« (die Phobie wird als eine Modalität der Angsthysterie betrachtet). Das Konversionsprinzip bedeutet, daß psychische Konflikte unbewußt in körperliche Phänomene umgewandelt werden. Unbewußte verdrängte Inhalte, ungelöste Probleme, unerfüllte Wünsche, Ängste und Phantasien werden in der Körpersprache symbolisch dargestellt. Bei der Angsthysterie kommt es zu einer Verschiebung der Angst vom ursprünglichen auf ein Ersatzobjekt.

Bei der hysterischen Persönlichkeit oder dem *hysterischen Charakter* dominieren besondere Charakterzüge wie Theatralik, übertriebene Koketterie, Neigung zum Dramatisieren, Affektindifferenz (»belle indifférence«) und partielle Unfähigkeit, zwischen Phantasie und Realität zu unterscheiden.

Die klassische Psychoanalyse geht davon aus, daß der genetische Fixierungspunkt für die Hysterie in einer ungelösten ödipalen Problematik liegt. Die differenzierten Vorstellungen der modernen psychoanalytischen Betrachtung stellen einen einheitlichen Hysteriebegriff in Frage und sprechen zum Beispiel vom Modus hysterischer Konfliktbewältigung (Stavros Mentzos) oder hysterischer Abwehrformation bei verschiedenen Krankheitsphänomenen. Neben ödipalen Konflikten werden als Verursachung dabei heute auch frühere Konflikte, zum Beispiel der oralen Phase, unvollständige Loslösung und strukturelle Probleme angenommen.

Die Diagnose »Hysterie« und die Charakterisierung »hysterisch« haben im Lauf der Zeit einen diskriminierenden Unterton bekommen. Die moderne Psychiatrie versucht dem mit der Neubezeichnung »histrionische Persönlichkeit« zu begegnen.

Ich
Das Ich läßt sich als das maßgebliche Steuerungs-, Regulations- und Kontrollorgan der Persönlichkeit, des ➔ Selbst verstehen.

Das Ich wird als der Kernbestandteil des ➔ Struktur- oder Instanzenmodells betrachtet. Ein starkes und autonomes Ich gewährleistet eine relativ symptomfreie Verarbeitung von Triebimpulsen und Affekten (➔ Es), vermag dem ➔ Über-Ich und dem ➔ Ich-Ideal in gewissenhafter und schöpferischer Weise gerecht zu werden und erlaubt eine befriedigende Selbstverwirklichung im sozialen Gefüge der Mitwelt und unter Berücksichtigung des Realitätsprinzips. Für seine vielfältigen Aufgaben stehen dem Ich die Ich-Funktionen, Bewältigungsmechanismen, Anpassungsmechanismen und Abwehrmechanismen zur Verfügung.

Die Entdeckungen der Psychoanalyse über das Unbewußte relativieren die Vorstellungen über die Autonomie des Ich (➔ Determiniertheit).

Ich-Defekt/Frühe Ich-Störung
Der vollständige Ausfall (oder die teilweise Störung) einer oder mehrerer Ich-Funktionen, sei er konstitutionell, entwicklungs- oder erfahrungsbedingt, wird als Ich-Defekt bezeichnet (Frühe Ich-Störung; siehe: ➔ Frühstörung). Dabei handelt es sich um andauernde, teilweise irreversible Beeinträchtigungen des Ich und nicht um vorübergehende Phänomene infolge einer regressiven Reaktion. Ich-Defekte oder -Defizite können zu erheblichen Schwierigkeiten im Unterscheiden zwischen Subjekt und Objekt, in der Wahrnehmung, der Realitätsprüfung und der Identitätsbildung beitragen.

In therapeutischer Sichtweise gibt es sowohl die Orientierung an einem Ressourcenmodell, die das Schwergewicht auf die Überlebens- und Bewältigungsstrategien und -mechanismen des Ich legt (→ Ressourcen), als auch die Perspektive eines Mangel-, Defekt- oder Defizitmodells für das Ich.

Ich-Funktion
Um seiner Aufgabe als zentrales Steuerungs-, Regulations- und Kontrollorgan gerecht werden zu können, bedient sich das Ich neben den Abwehr- und Anpassungsmechanismen auch weiterer Ich-Funktionen. Darunter zählen zum Beispiel die Realitätsprüfung, die Regulierung und Kontrolle der Triebe und Körperfunktionen, die Fähigkeit zum Aufschub, aus der Frustrationstoleranz erwächst, und die Fähigkeit zur Gestaltung von Objektbeziehungen.

Ich-Ideal
Eine Instanz im Strukturmodell, die zum Über-Ich-System gehört, aber vom Über-Ich als verbietend-kontrollierendem Organ abgegrenzt ist. Es umfaßt die Ideal- und Wertvorstellungen des Individuums. Das Ich-Ideal stellt ein Vorbild dar, dem das Subjekt sich anzunähern versucht, an dem das Ich sich aber auch mißt. In diese idealisierte Vorstellung von sich selbst geht das Ideal-Ich, die narzißtische Größenvorstellung vom eigenen Ich (Größen-Selbst), mit ein. Die Selbst-Psychologie sieht im Ich-Ideal auch grandiose und idealisierte Merkmale der Objekte vertreten (→ Elternimago, idealisierte), da sich diese Instanz vor allem durch Identifizierung mit den Eltern, anderen Autoritäten und kollektiven Idealen bildet. Der Affekt der Scham resultiert aus der Kluft zwischen der idealen Vorstellung und der realistischen Wahrnehmung von sich selbst.

Ich-Psychologie
Die Ich-Psychologie gehört neben der Trieb-Psychologie, der Selbst-Psychologie und der Objektbeziehungs-Psychologie zu den vier grundlegenden Theorieansätzen der Psychoanalyse. Im Zentrum der Betrachtung steht dabei das Ich in seiner Entwicklung und Dynamik, mit seinen Ich-Funktionen, den Bewältigungs-, Anpassungs- und Abwehrmechanismen.

Zu den bedeutsamsten Vertretern der Ich-Psychologie zählen Anna Freud, Merton Gill, Heinz Hartmann und David Rapaport.

Ich-Schwäche
Ist der Gegenbegriff zu Ich-Stärke. Die Ich-Schwäche kann einerseits dadurch zustande kommen, daß das Ich durch mangelhafte reifungsfördernde Mitweltbedingungen im Lauf seiner Entwicklung keine hinreichende Ich-Stärke entwickeln konnte. Andererseits kann eine Schwächung des Ichs durch überfordernde oder traumatische Erfahrungen hervorgerufen werden; dies nicht nur durch eine direkte Beschädigung der Ich-Funktionen, sondern auch durch die Fixierung bestimmter Abwehrmechanismen zur Eindämmung oder Versuche der Bewältigung eines Traumas. Die Ich-Schwäche beeinträchtigt das Individuum in der Bearbeitung und Bewältigung innerer und äußerer Herausforderungen. Denn das geschwächte Ich neigt zur Verwendung archaischer, unreifer Bewältigungsmechanismen. Die Ich-Schwäche hat auch Auswirkungen auf eine produktive und befriedigende Gestaltung der Objektbeziehungen. Sie kann unterschiedliche Ausprägungsgrade erreichen. Seelische Erkrankungen gehen in der Regel mit einer Ich-Schwäche einher beziehungsweise erwachsen aus ihr.

Ich-Spaltung
Die Ich-Spaltung führt nach Sigmund Freud zu zwei widersprüchlichen Positionen im Ich, die er im Zusammenhang mit dem Fetischismus und den Psychosen untersucht. Es handelt sich um zwei Ich-Zustände, von denen der eine dem Wunschdenken, der andere der Realitätsprüfung (→ Realitäts- vs. Lustprinzip) unterliegt.

Der Begriff der »therapeutischen Ich-Spaltung« stammt von Richard Sterba. Dabei werden die bewußten, vernünftigen, nichtneurotischen Ich-Anteile des Patienten von den unbewußten, konfliktgesteuerten irrationalen Aspekten seines Ich unterschieden. Diese Differenzierung zwischen einem beobachtenden und einem erlebenden Ich im Patienten ist die Voraussetzung für die Unterscheidung zwischen dem ➔ Arbeitsbündnis und der Übertragungsbeziehung.

Ich-Stärke
In der Psychoanalyse spricht man von Ich-Stärke, wenn beim Subjekt die Fähigkeit zur Bearbeitung und Bewältigung innerer und äußerer Herausforderungen hinreichend ausgeprägt ist und es in der Lage ist, reife Objektbeziehungen zu entwickeln. Zur Ich-Stärke zählen zum Beispiel die Fähigkeit zur Realitätsprüfung, die Frustrationstoleranz, Verantwortung gegenüber dem Objekt und die Fähigkeit zur Symbolisierung. Aus objektbeziehungstheoretischer Sicht entwickelt sich die Ich-Stärke im Zusammenhang mit der Introjektion guter Objekte oder Objektanteile, die es einerseits dem zuerst noch schwachen und instabilen Ich ermöglichen, reifere Objektbeziehungen zu gestalten, und anderseits zur Besorgnis und zu Bemühungen um das Wohlergehen des Objekts führen (siehe auch ➔ Wiedergutmachung). Ein Minimum an Ich-Stärke des Patienten ist Voraussetzung für jeden psychotherapeutischen Prozeß.

Ich-synton
Verhaltensweisen und Wünsche werden als »ich-synton« bezeichnet, wenn sie mit dem Selbstbild vereinbar sind. Andernfalls werden sie »ich-dyston« genannt.

Ich-Trieb
Siehe: Selbsterhaltungs- oder Ich-Trieb

Ideal-Ich
Das Ideal-Ich wird unbewußt als Ersatz für den verlorenen frühkindlich erlebten Urzustand narzißtischer Großartigkeit («Seine Majestät das Ich«, S. Freud) in der Person errichtet. Die Selbst-Psychologie spricht in demselben Zusammenhang vom ➔ Größen-Selbst. Im Lauf der Entwicklung wird das Ideal-Ich auch zu einem Maßstab für das Ich und geht schließlich als ein Teilaspekt in das ➔ Ich-Ideal ein.

Idealisierende Übertragung
Siehe: Übertragung, idealisierende

Idealisierte Elternimago
Siehe: Elternimago, idealisierte

Idealisierung
Idealisierung bezeichnet die unrealistische Übertreibung der positiven Attribute eines Objekts oder des Selbst. In der kindlichen Entwicklung hat sie zunächst eine wachstumsfördernde Funktion, die das Kind vor übermäßigen Gefühlen von Hilflosigkeit und Ohnmacht bewahren kann. Die Vorstellung eines allmächtigen Elternteils kann zum Beispiel vor Angstgefühlen schützen (→ Elternimago, idealisierte).

Idealisierung kann auch im Dienste der Abwehr aggressiver Impulse gegen die idealisierte Person stehen (→ Reaktionsbildung, → Verkehrung ins Gegenteil). Idealisierungen, die keiner realistischen Überprüfung unterzogen werden, stellen eine Grundlage verzerrter Wirklichkeitsvorstellungen dar.

Idealisierungen können sich auch auf Eigenschaften oder Verhaltensweisen eines Objekts beziehen, die von außen betrachtet negativ erscheinen mögen, für den Betreffenden aber positiv konnotiert sind (zum Beispiel idealistisch überhöhter Massenselbstmord bei Sekten).

Manche psychoanalytischen Überlegungen (Herbert Rosenfeld) beschreiben eine Idealisierung der destruktiven und selbstdestruktiven Persönlichkeitsanteile, die sich um ein böses inneres Objekt organisieren und die übrige Persönlichkeit beherrschen. Entidealisierungen sind Voraussetzungen für gelingende Ablösungsprozesse in der Eltern-Kind-Beziehung und in therapeutischen Beziehungen.
Siehe auch: Narzißmus

Identifizierung
Die Identifizierung ist ein psychischer Vorgang, mit dem ein Individuum einen Aspekt, eine Eigenschaft, ein Attribut eines anderen – auf der Wahrnehmung von Ähnlichkeiten zwischen diesem und dem Selbst basierend – für die eigene

Person annimmt und eine teilweise oder vollständige Verwandlung des Selbst nach dem Vorbild des anderen vollzieht. Identifizierungen tragen wesentlich zur Konstituierung des menschlichen Charakters bei und wirken sich auf die Entwicklung seiner Identität aus. Auch die Bildung des Über-Ich und die des Ich-Ideals beruhen zu einem gewichtigen Teil auf Identifizierungen.

Siehe auch: Inkorporation; Internalisierung; Introjektion

Identifizierung mit dem Angreifer
Die Identifizierung kann auch im Dienste der Abwehr stehen. In diesem Zusammenhang ist vor allem der Mechanismus der Identifizierung mit dem Aggressor (Anna Freud) von Bedeutung. Dabei identifiziert sich das Subjekt, das sich einem äußeren Verfolger gegenüber sieht, mit seinem Angreifer (etwa in Gestalt einer kritisierenden Autorität, einem Kriegsgegner oder auch einem Folterer). Es macht sich entweder selbst für die Aggression verantwortlich, in einem unbewußten Versuch, das passiv Erlebte aktiv zu kontrollieren, oder es imitiert die Person des Angreifers physisch oder moralisch beziehungsweise eignet sich bestimmte Machtsymbole an, die den Angreifer kennzeichnen.

Die Identifizierung mit dem Aggressor ist ein unbewußter Abwehrmechanismus, der das schwache, hilflose Ich mächtig und omnipotent erscheinen läßt. Sehr häufig identifiziert man sich ausgerechnet mit den Eigenschaften des Objekts, unter denen man zu leiden hatte. Die Identifizierung mit dem Angreifer kommt auch bei Extremtraumatisierungen vor (Geiselnahme, Vergewaltigung, Folter, Terror). Da in solchen Situationen die gewalttätige Person häufig gleichzeitig das einzig anwesende und erreichbare Objekt darstellt, an das sich die Hilfsbedürfnisse und die libidinösen Impulse wenden können, kommt es zu einer Identifizierung des Opfers mit dem Täter.

Identität
Im Gegensatz zur allgemeinen Logik, die Identität als vollständige Übereinstimmung definiert, ist der besonders von Erik H. Erikson erforschte psychoanalytische Begriff durch

das Element der Prozeßdynamik gekennzeichnet. Identitätsbildung ist der lebenslang nie zu einem Ende kommende Vorgang des Erkennens des Ich-Selbst durch das Ich in den subjektiven und intersubjektiven Erfahrungen. Die psychosoziale Identität umfaßt einen stabilen, unveränderlichen Aspekt, ein dauerndes inneres Sich-selbst-Gleichsein, und zugleich einen flexiblen, sich ständig verändernden Anteil, erwachsend aus den Interaktionen mit der Mitwelt.

Imitation
Ein bewußter oder unbewußter seelischer Prozeß der Nachahmung des Verhaltens eines anderen. Die Imitation kann Ausdruck eines aggressiven Impulses sein (jemanden »nachäffen«) oder auch eine Abwehrfunktion besitzen (Mimikry). Im Gegensatz zur Identifikation handelt es sich nur um eine oberflächliche Angleichung an das Objekt.
Die Imitation spielt bei vielen Lernvorgängen eine bedeutsame Rolle.

Indikation
Die Indikation oder »Heilanzeige« setzt das bestmögliche Behandlungsverfahren für eine bestimmte Erkrankung fest. Die Indikation für eine Psychoanalyse oder psychoanalytische Psychotherapie wird im Rahmen der diagnostischen Voruntersuchungen, vor allem des → Erstinterviews gestellt. Neben der objektiven Indikation (Krankheitsbestimmung und Verfahrensauswahl) spielt für eine Psychotherapie die sogenannte subjektive Indikation eine wichtige Rolle, das heißt die Frage: Welche Patientenpersönlichkeit kann mit welcher Psychotherapeutenpersönlichkeit in welcher Behandlungsform in einer kreativen und produktiven Weise zusammenarbeiten?

Individuation
Der Begriff stammt ursprünglich aus der analytischen Psychologie von Carl Gustav Jung und bezeichnet den Prozeß der Selbstwerdung im Rahmen der persönlichen Entwicklung oder einer psychotherapeutischen Behandlung.

Nach Margaret Mahlers Entwicklungsmodell ist die Loslösung aus der frühen symbiotischen Beziehung zur Mutter Bedingung einer gesunden Individuation.

Inhalt, latenter
Dieser Begriff, der ursprünglich aus der psychoanalytischen Traumpsychologie stammt, bezieht sich auf den verborgenen, verdrängten, nicht bewußten Anteil, der hinter seelischen Produktionen wie Träumen, Fehlleistungen oder Symptomen steht. Davon unterschieden wird der manifeste Inhalt.

Inhalt, manifester
Der Begriff bezeichnet die zutage getretene, erinnerbare und bewußt zugängliche Erscheinung eines Traums, einer Fehlleistung oder eines Symptoms. Die psychoanalytische Betrachtung bleibt jedoch nicht dabei stehen, sondern sucht dahinter nach den verborgenen, unbewußten, latenten Bedeutungen, Funktionen und Motiven für die seelischen Phänomene.

Initialtraum
Der erste berichtete Traum in einer Behandlung, der sogenannte Initialtraum, ist insofern besonders wichtig, als er sehr häufig in verdichteter Form grundlegende Konflikte – und Ängste und Hoffnungen angesichts des beginnenden psychoanalytischen Prozesses – veranschaulicht.

Inkorporation
Ein Begriff für den Vorgang der realen oder symbolischen Einverleibung des Objekts. Seelisch handelt es sich um eine sehr frühe subjektive, körperbezogene und konkretistische Wahrnehmung des Introjektionsvorgangs, wobei das Objekt so empfunden wird, als sei es physisch in das Innere des Körpers gelangt. Häufig werden die Begriffe Inkorporation und Introjektion synonym gebraucht.

Die Inkorporation kann in den Dienst der Abwehr gestellt werden. Wenn beispielsweise der hungrige Säugling eine Phantasie entwickelt hat, daß in seinem Magen ein »böses«

Objekt nagt, kann er die Aufnahme der Muttermilch so empfinden, als nehme er ein »gutes« Objekt in sein Inneres auf, das ihn vor dem bösen Objekt rettet.

Siehe auch: Introjektion; Objekt

Inneres Objekt
Siehe: Objekt, inneres

Instanzenmodell
Im Verlauf ihrer wissenschaftlichen Weiterentwicklung hat die Psychoanalyse verschiedene Modellvorstellungen über das seelische Funktionieren entwickelt. Das Instanzen- oder Strukturmodell gehört zu den »klassischen« Vorstellungen über den »psychischen Apparat« und ordnet das seelische Geschehen drei unterschiedlichen seelischen Strukturbereichen zu, dem Ich, dem Es und dem Über-Ich. Es dient der Untersuchung ihres Zusammenwirkens im Hinblick auf die gesunde und die kranke seelische Dynamik und Entwicklung.

Verwirrend kann sein, daß Sigmund Freud und andere das Instanzenmodell auch als »zweites topisches Modell« bezeichnen (→ Modell, topisches).

Institutionalisierte Abwehr
Siehe: Abwehr, institutionalisierte

Integration
Beschreibt allgemein eine Ich-Funktion, durch die unverbundene oder aufgespaltene Teile zu einem Ganzen zusammengefügt werden.

Die Frage, ob es lebensanfänglich einen Zustand des Nicht-Integriertseins oder einer – zumindest ansatzweisen – frühen Integration gibt, bleibt trotz der Ergebnisse der modernen Säuglingsforschung offen. Möglicherweise ist beides zugleich der Fall. Die Spaltungsmechanismen als Ausdruck früher Bewältigungs-, Anpassungs- und Abwehrleistungen tragen zu ersten Strukturbildungen bei, können jedoch auch Desintegrationsprozesse einleiten (→ Fragmentierung). Anhaltende schwere Desintegration ist eine seelische Erkrankung (→ Psychose). Ein Ziel psychotherapeutischer Behandlung ist das Erreichen, Wiedererreichen oder Intensivieren der Persönlichkeitsintegration.

Intellektualisierung
Ein unbewußter seelischer Regulations- beziehungsweise Abwehrmechanismus, bei dem das Ich sich überwiegend oder ausschließlich seiner intellektuellen Funktionen bedient, um eine rationale Meisterung von Gefühlen und emotionalen Konflikten anzustreben. Nahe verwandt ist der Abwehrmechanismus der → Rationalisierung, bei dem die Affekte jedoch nicht vermieden oder ausgeschaltet werden sollen, sondern mehr ihre gedankliche oder verstandesmäßige Rechtfertigung im Vordergrund steht.

Interaktion
Erfaßt das komplexe wechselseitige Geschehen zwischen zwei der oder mehr Personen. Der Begriff umgreift neben dem äußeren Verhalten unter anderem bewußte und unbewußte Phantasien, Erwartungshaltungen, Rollenzuweisungen, Gefühls- und Körpererfahrungen. Die Interaktionen zwischen dem Selbst und seinen Objekten werden als Szenen verinnerlicht und bilden in Kombination mit den dazugehörigen Affekten die Grundlage von Selbst-Repräsentanzen und Objekt-Repräsentanzen.

Die interaktionelle Betrachtung des psychotherapeutischen Geschehens zwischen Patient und Therapeut, die Beziehungsanalyse, ist im Lauf der Zeit immer mehr in den Vordergrund der psychoanalytischen Behandlungstechnik gerückt.

Internalisierung
Im weitesten Sinne des Wortes ist die Internalisierung ein unbewußter Prozeß, durch den Aspekte der Außenwelt und der Interaktion auf dem Weg der Verinnerlichung zu einem Teil der psychischen Struktur werden. Die Psychoanalyse versteht die Internalisierung als einen unbewußten Mechanismus, mit dem das Subjekt in seinem Inneren die psychische Repräsentanz eines Objekts entwickelt und als Teil

seines Selbst begreift. Internalisierung spielt eine bedeutsame Rolle bei Lernprozessen sowie der Charakterbildung.

»Inkorporation«, »Introjektion« und »Identifizierung« stellen verschiedene Formen der Internalisierung dar. Während Inkorporation die archaischere und körperbezogenere Form der Einverleibung darstellt, Introjektion sich auf eine Verinnerlichung bezieht, die nicht notwendig einen Bezug auf die Körpergrenze herstellt (Introjektion in das Ich oder das Ich-Ideal), bildet die Identifizierung eine reifere Form der Verinnerlichung, bei der die unabhängige Existenz des Objekts anerkannt wird und erhalten bleibt.

Interpersonale Abwehr
Siehe: Abwehr, interpersonale

Intersubjektivität
Der Begriff umfaßt die komplexe wechselseitige Psychodynamik zwischen zwei oder mehr Personen. Auch wenn seit Sigmund Freud die sozialen Faktoren in der psychoanalytischen Betrachtung nie unbeachtet geblieben sind, hat sich die Psychoanalyse erst im Lauf ihrer Entwicklung mehr von einer Ein-Personen- zu einer Zwei- beziehungsweise Mehr-Personen-Psychologie gewandelt. Der »subjektive Faktor« (Sándor Ferenczi) wurde immer weiter um die Dimension der Intersubjektivität und ihrer Niederschläge in der Psyche bereichert. Die moderne Psychoanalyse geht von einer untrennbaren Verschränkung zwischen der intrasubjektiven und der intersubjektiven seelischen Entwicklung und Dynamik aus (Intersubjektive Theorie, s. Jessica Benjamin).
Siehe auch: Interaktion; Abwehr, interpersonale

Intervention
Alle Mitteilungen des Analytikers an den Patienten. Dazu zählen Fragen, Konfrontationen, Klarifizierungen, Rekonstruktionen und Deutungen, aber auch das begründet eingesetzte Schweigen oder die berühmten »Mmhs«.

Intervision

Die Intervision (Meinhard Korte) ist ein Instrument wechselseitiger fallorientierter kollegialer Hilfestellung zwischen ausgebildeten Fachleuten einer bestimmten psychosozialen Fachrichtung (zum Beispiel Psychotherapeuten, Sozialpädagogen). Im Gegensatz zur Supervision findet sie ohne Leiter statt. Bei einer psychoanalytischen oder psychoanalytisch orientierten Intervision geht es wie in einer Supervision oder einer Balintgruppe vor allem um unbewußte Dimensionen des Geschehens, die im kollegialen Dialog herausgearbeitet werden können.

Die Intervision gehört zu den verbreitetsten Formen der ständigen Weiterbildung und Qualitätssicherung von Psychoanalytikern.

Introjektion

Introjektion ist ein unbewußter psychischer Vorgang, dessen physiologisches Vorbild das Einatmen und die Nahrungsaufnahme (orale Impulse) sind. Durch die Verinnerlichung entstehen psychische Repräsentanzen eines Objekts, ohne daß das Subjekt dabei in seinem Inneren zunächst zwischen Selbst und introjiziertem Objekt unterscheiden kann. Das geschieht zum Beispiel, wenn ein Kind die Erwartungen seiner Eltern übernimmt und sich entsprechend diesen Erwartungen verhält, unabhängig davon, ob die Eltern aktuell anwesend sind oder nicht. Als ein Ergebnis von Introjektionsvorgängen entsteht das → Über-Ich. Die Introjektion stellt einen Vorläufer der Identifikation dar. Melanie Klein postuliert, daß von Geburt an der Säugling in seiner Wahrnehmung das Objekt spalten muß, um in der Phantasie das gute Objekt introjizieren und sich des bösen Objekts projektiv entledigen zu können. Insofern bilden Introjektion und → Projektion ein Gegensatzpaar, das die frühen Objektbeziehungen beeinflußt und im Dienste der Abwehr von frühen Ängsten steht.

Introspektion

Erfaßt den Vorgang der Selbst-Einsicht. Neben dem Blick auf die Gedanken und intellektuellen Einfälle spielten dabei besonders das Erspüren und Wahrnehmen von Affekten und Körpervorgängen eine bedeutsame Rolle. Die in den Erstgesprächen deutlich gewordene Fähigkeit des Patienten zur Introspektion gehört zu den wichtigen Kriterien der Indikation für eine psychoanalytische Psychotherapie. Das Aufheben von Verzerrungen der Selbsteinsicht durch eine Erweiterung der Introspektionsfähigkeit stellt ein mögliches Behandlungsziel dar.

Inzest, realer
Der Begriff erfaßt die sexuellen Beziehungen unter Blutsverwandten, zum Beispiel zwischen einem Vater und seiner Tochter oder zwischen Geschwistern. Inzestuöse Handlungen kommen erheblich häufiger vor, als gewöhnlich angenommen wird (man denke nur an das Phänomen der sexuellen Gewalt innerhalb von Familien).

Inzestphantasie
Inzestuöse Phantasien sind wohl universell. Die ödipalen Impulse des Sohnes gegenüber seiner Mutter stellen die klassische Form derartiger Phantasien dar.

Im übertragenen, symbolischen Sinn wird das Eigenschaftswort »inzestuös« bisweilen in psychoanalytischen Kreisen zur Beschreibung der Tatsache verwandt, daß durch die persönlichen Lehranalysen imaginäre Eltern-Kind-Verhältnisse, Geschwisterbeziehungen und Familienkonstellationen an Ausbildungsinstituten entstehen können.

Siehe auch: Ödipuskomplex

Inzesttabu/Inzestschranke
Eine durch die Kultur gesetzte oder in der individuellen Entwicklung entstehende hemmende Tendenz gegenüber der Realisierung von universell verbreiteten inzestuösen Phantasien. Das Inzesttabu wird in der Psychoanalyse zusammen mit dem Verbot des Vatermordes als grundlegende Komponente zur Bewältigung der ödipalen Situation angesehen.

Siehe auch: Tabu; Ödipuskomplex

Isolierung
Der Abwehrmechanismus der Isolierung besteht darin, unbewußt die Verbindung eines Gedankens oder eines Verhaltens mit anderen Gedanken oder Affekten zu unterbrechen, um eine unangenehme, beängstigende oder unerträgliche emotionale Wirkung zu unterbinden. So kann es bei traumatisierenden Erlebnissen vorkommen, daß nicht die Erinnerung selbst, wohl aber die damit verknüpften Affekte der Verdrängung, dem Unbewußten, anheimfallen. Ein Beispiel wäre, daß jemand phobisch jegliches Wasser meidet, dies aber nicht mit einer früheren Situation in Verbindung bringen kann, in der sein Kopf länger unter Wasser gehalten wurde und dies Todesangst in ihm auslöste.
Siehe auch: Spaltung; Fragmentierung

Kastration
Die seelischen Vorstellungen und unbewußten Phantasien über die Kastrationsdrohung oder die Kastrationsangst beziehen sich meist auf den Verlust des Penis. Unter medizinischem Aspekt wird unter Kastration das Außerkraftsetzen oder die Entfernung der männlichen Keimdrüsen verstanden. In der klassischen Psychoanalyse steht der Kastrationskomplex in engster Beziehung zum Ödipuskomplex. Der Kastrationskomplex ebenso wie der → Penisneid werden oft als »phallozentrisch« kritisiert. Durch das Erforschen der Eigenständigkeit weiblicher Entwicklung und zum Beispiel die Entdeckung des »Gebärneids« beim Mann (Karen Horney) sind phallozentrische Vorstellungen in ihrer Bedeutsamkeit in Frage gestellt.
Andere Psychoanalytiker betrachten Begriffe wie Kastration oder Penisneid als universelle Phänomene. Da jeder Mensch eine bisexuelle Anlage besitze, ließe sich der Begriff auf beide Geschlechter beziehen. In einem erweiterten, metaphorischen Sinn läßt sich die Kastration auch als ein Symbol des Machtverlustes oder Kontrollverlusts verstehen. Und schließlich – und in diesem Sinne gewinnt das Annehmen der Kastration eine positive Qualität – kann sie ein bildhafter Ausdruck für die prinzipielle Versehrtheit, Unvollkommenheit und Sterblichkeit des Menschen sein.

Kastrationsangst
Die Angst vor der Kastration steht im engen Zusammenhang mit dem Ödipuskomplex. In der klassischen Vorstellung resultiert die Kastrationsangst des Jungen oder Mannes aus der kindlichen »Entdeckung« des Penis beziehungsweise der Penislosigkeit des Mädchens. Der Verlust des → Phallus wäre die phantasierte Strafe für die ödipalen, mörderischen Impulse gegenüber dem Vater im Zusammenhang mit den libidinösen Wünschen gegenüber der Mutter.

Mädchen können die Angstphantasie entwickeln, schon kastriert zu sein, in dem Sinne, daß ihnen der Penis weggenommen worden sei oder sie ihn verloren hätten. Die Kastrationsangst kann auch anstelle der elementareren und unerträglicheren Angst stehen, das primäre Liebesobjekt verloren zu haben.

Klaustrophobie
Eine Form der Phobie, in deren Mittelpunkt die Angst vor engen oder verschlossenen Räumen oder größeren Menschenansammlungen steht. Klaustrophobe können zum Beispiel keinen Aufzug betreten oder müssen in einem Saal immer am Rand einer Stuhlreihe sitzen. Bei der Klaustrophobie spielen häufig projektive Prozesse eine Rolle, zum Beispiel die Projektion eigener Aggressionen in die Mitwelt.
  Siehe auch: Angstneurose; Phobie; Projektion

Klebrigkeit der Libido
Siehe: Libido, Klebrigkeit der

Kompromiß
Bedeutet allgemein die Lösung eines Konflikts zwischen zwei oder mehr Ansprüchen, indem jede Seite auf einen Teil ihrer Forderung verzichtet. Im psychoanalytischen Bereich wird der Begriff für das Ergebnis der Ich-Funktion der Kompromißbildung verwendet. Kompromisse können zum Beispiel intrasubjektiv zwischen den Anforderungen der verschiedenen seelischen Instanzen (→ Instanzenmodell), zwischen verschiedenen seelischen Polaritäten wie Befriedigung–Ver-

sagung, Nähe–Distanz, Bindung–Abgrenzung, Angst–Neugier, oder intersubjektiv zwischen Personen hergestellt werden. Seelische Produktionen wie Träume, Fehlleistungen oder Symptome oder bewußte Handlungen können als Kompromisse zwischen verschiedenen Bedürfnissen, Triebimpulsen oder Affekten und ihrer Abwehr verstanden werden.

Konflikt

Die Psychoanalyse unterscheidet von den äußeren Konflikten zwischen dem Selbst und seinen Objekten (intersubjektive, interpsychische Konflikte) die innerseelischen (intrasubjektive, intrapsychische) Konflikte. Die inneren Konflikte können dem bewußten Zugriff zugänglich sein oder – häufiger – unbewußt bleiben. Sie bestehen beispielsweise in einer Spannung zwischen Bedürfnissen und Wünschen einerseits und der Abwehr oder Widerständen dagegen andererseits oder zwischen entgegengesetzten Wünschen oder zwischen inneren Bildern vom eigenen Selbst und inneren Vorstellungen von Objekten.

Seelische Entwicklung und Dynamik lassen sich als eine fortwährende Abfolge von verinnerlichten, ehemals äußeren Konflikten einerseits und vorgegebenen inneren (beispielsweise den ödipalen) Konflikten andererseits und deren gelingender oder mißglückender Verarbeitung und Bewältigung begreifen. Zu einem bestimmten Lebenszeitpunkt nicht zu bewältigende Konflikte wirken unter Umständen traumatisch. Die ins Unbewußte verdrängten unverarbeiteten Traumata drängen nach Bearbeitung und suchen deshalb in allen Erlebens- und Verhaltensweisen, vor allem in Beziehungen, nach Ausdruck (→ Übertragung; → Wiederkehr des Verdrängten). In diesem Zusammenhang wird von unbewußten Reinszenierungen der ungelösten lebensgeschichtlichen Konflikte gesprochen. Sie sind auch der Motor psychotherapeutischer Prozesse.

Konstruktion

Konstruktionen in einer psychoanalytischen Behandlung sind Hypothesenbildungen beider am psychoanalytischen Prozeß beteiligten Personen über vereinzelte oder dauerhafte Erfahrungen im Entwicklungsverlauf, die dem Patienten zunächst noch nicht oder noch nicht vollständig erinnerbar sind. Dabei kann es in der Regel nicht, wie Sigmund Freud zum Teil noch glaubte, um objektive Erinnerungen gehen, sondern um das Herstellen »konsensueller Wahrheiten« (Wolfgang Loch), die eine subjektive Stimmigkeit und Überzeugungskraft für den Analysanden besitzen. In diesem Sinne stellen Konstruktionen in einem analytischen Prozeß zugleich lebensgeschichtliche Rekonstruktionen dar.

Gegenüber der Bedeutung der Beziehungsanalyse tritt in der modernen Psychoanalyse der Versuch möglichst exakter entwicklungsgeschichtlicher Rekonstruktionen von Ereignissen eher zurück.

Konversion
Die Umwandlung eines abgewehrten psychischen Konflikts in körperliche, motorische oder sensorische Symptome.
Siehe auch: Hysterie; Somatisierung

Konversionshysterie
Siehe: Hysterie

Krankheitsgewinn, sekundärer
Insofern, als jede seelische Erkrankung einen unbewußten Konfliktlösungsversuch darstellt, zieht das Individuum aus der Krankheit subjektiv einen gewissen Gewinn. In der Kompromißbildung des neurotischen Symptoms kann beispielsweise eine teilweise Befriedigung von Wünschen und Bedürfnissen erfolgen, aber gleichzeitig ein Gehorsam gegenüber dem Über-Ich oder der Abwehr möglich sein. Damit wird auch eine Angstreduzierung erreicht. Das würde man als den »primären Krankheitsgewinn« bezeichnen.

Der »sekundäre Krankheitsgewinn« zeigt sich dann mehr in den nachträglichen, zusätzlichen und vor allem objektgerichteten oder objektiven Vorteilen infolge der Erkrankung (zum Beispiel: erhöhte Zuwendung, Schonung, Pflege durch andere, Möglichkeit zur Manipulation anderer, Rentenanspruch). Ein sekundärer Krankheitsgewinn kann sich im Rahmen der psychotherapeutischen Behandlung als erheblicher Widerstand gegen Veränderungen erweisen.

Kreativität

Mit dem Begriff Kreativität werden die innovativen und schöpferischen Fähigkeiten des Individuums benannt. Die Kreativität bezieht sich auf das Denken, künstlerische Tätigkeiten, aber auch auf die schöpferische Bewältigung von Alltagsherausforderungen. Die Kreativität wird begünstigt durch einen möglichst freien Umgang mit Phantasien und Spielen. Eine wichtige Voraussetzung kreativer Gestaltungen ist die Fähigkeit zur Symbolisierung und zur Sublimierung.

Siehe auch: Symbolbildung/Symbolisierung; Sublimierung

Kurzpsychotherapie

Allgemein wird damit ein psychotherapeutisches Verfahren bezeichnet, das nur eine begrenzte, vorher definierte Stundenzahl umfaßt, im Gegensatz zur Langzeittherapie. Seit Beginn der Psychoanalyse wurden neben der klassischen Langzeitbehandlung sowohl kurze Psychotherapien durchgeführt als auch der Versuch einer wissenschaftlich-theoretischen Fundierung der Kurzzeitverfahren unternommen.

Eine spezifische Form der psychoanalytischen Kurzpsychotherapie ist die → Fokaltherapie.

Latenter Inhalt

Siehe: Inhalt, latenter

Latenzzeit

Die Phase der psychosexuellen Entwicklung, die nach klassischer psychoanalytischer Auffassung zwischen der phallisch-ödipalen Phase und der Pubertät beziehungsweise Adoleszenz liegt, also etwa das fünfte bis zwölfte Lebensjahr umfaßt. Die klassische Psychoanalyse geht davon aus, daß in dieser Zeit die Psychosexualität eine relativ geringe Rolle in der Entwicklung spielt. Im Vordergrund stehen in diesem Lebensabschnitt die Weiterentwicklung sozialer Fähigkeiten und sublimierter Fähigkeiten, wie zum Beispiel das Streben nach Wissen.

Lebenstrieb(e)
Unter Lebenstrieb, häufig als Eros bezeichnet, versteht die Psychoanalyse ein Prinzip, das die Tendenz des lebendigen Organismus ausdrückt, seine Existenz aufrechtzuerhalten (Selbsterhaltungstrieb), immer größere Einheiten herzustellen und zu bewahren (Bindungsprinzip) und danach zu streben, differenziertere oder organisiertere Formen zu schaffen (Sexualtrieb).

Mit anderen Worten, der Lebenstrieb ist das bindende Element in Objektbeziehungen und menschlichen Handlungen.

Lehranalyse
Jeder zukünftige Psychoanalytiker muß sich seit den zwanziger Jahren als grundlegendem Bestandteil seiner Ausbildung einer längeren (heute etwa 400 bis 800 Stunden umfassenden) persönlichen Psychoanalyse unterziehen.

Das Prinzip der Selbsterfahrung im Zusammenhang mit dem Erwerb einer bestimmten Berufskompetenz ist im Lauf der Zeit für die Ausbildung in fast allen psychotherapeutischen Behandlungsverfahren und auch in verwandten Sozialberufen zu einer Selbstverständlichkeit geworden.

Siehe auch: Selbstanalyse

Leiden
Leiden ist, wie zum Beispiel die Angst, eine zentrale, unvermeidliche menschliche Erfahrungsdimension. Leiden, Unlust und Unglück können körperliche Ursachen haben, aus der Umwelt kommen oder aus den Beziehungen zu den Mitmenschen erwachsen. Werden Beziehungen zu anderen dagegen als liebevoll erfahren, sind sie auch eine Chance zu Befriedigung, Lusterfahrungen und Glück. Allerdings ist keine lebendige Liebe vorstellbar, die vollkommen frei von Leiderfahrungen wäre, »nie sind wir ungeschützter gegen das Leiden, als wenn wir lieben« (Sigmund Freud). Auch wenn die Quellen des Leidens unterschiedlicher Natur sein können, besitzt das Leiden immer eine psychische Dimension.

Leiden kann zu einer Verminderung der Lebensqualität,

zu Lähmung, Leistungsunfähigkeit und Depression führen. Leiden kann umgekehrt aber auch ein bedeutsamer Antrieb zur Veränderung sein (➔ Leidensdruck). Krankheitsbedingte Leidenssuche wird als Masochismus bezeichnet. Ein Leidensbedürfnis im Sinn eines Strafbedürfnisses kann die Folge unbewußter Schuldgefühle sein.

Die Fähigkeit, leiden und mitleiden zu können, gehört zu den grundlegenden menschlichen Eigenschaften und erwächst aus dem Drang zum Leben (Hanna Segal).

Siehe auch: Einfühlung; Besorgnis; Depressive Position

Leidensdruck
Als Leidensdruck wird die seelische Spannung charakterisiert, die aus den unerträglichen Gefühlen (zum Beispiel Angst, Schmerz) erwächst, die von unbewältigten Entwicklungskonflikten ausgelöst werden. Der Leidensdruck gilt als einer der wichtigsten Motoren therapeutischer Veränderung. Sein Vorhandensein ist eines der Indikationskriterien für eine psychotherapeutische Behandlung.

Der Leidensdruck kann auch durch äußere Faktoren begründet sein, wie zum Beispiel durch traumatische Erfahrungen (Lagerhaft, Folter, Vergewaltigung, Naturkatastrophen, ein schwerer Unfall).

Libidinöse infantile Entwicklung
Siehe: Entwicklung, libidinöse infantile

Libido
Mit Libido wird eine hypothetische psychische Energie bezeichnet, mit welcher seelische Prozesse, Strukturen und Objekt-Repräsentanzen besetzt werden (➔ Besetzung) und deren Quelle sich im Körper beziehungsweise im Es findet. Es handelt sich um eine Energie, die das Körperliche mit dem Seelischen verknüpft und sich in Verbindung mit den spezifischen »libidinösen« Zonen zeigt, welche die psychische Entwicklung prägen (oral, anal, phallisch, genital), oder in einer Bindung an das Ich und das Objekt, in das die Libido investiert wird, sichtbar wird.

Libido, Klebrigkeit der
Eine Eigenschaft der Libido, die deren Fixierung an ein Symptom, ein Objekt oder eine Entwicklungsstufe bezeichnet. Die Klebrigkeit der Libido wendet sich häufig gegen die Entwicklung. So kann die Libido an einem inneren Objekt hängenbleiben, das Angst macht, und kann sich nicht an ein neues Objekt wenden, das die Entwicklung fördern könnte.

Loslösung
Die Loslösung oder »Separation« aus der Symbiose mit den primären Objekten ist eine unabdingbare Voraussetzung für die Entwicklung von Autonomie und Individuation. Ein verfrühte, übermäßige und seelisch nicht verarbeitbare Separation im Sinne einer traumatischen Trennung begründet häufig eine krankhafte seelische Entwicklung.
  Siehe auch: Subjekt-Objektdifferenzierung

Lustprinzip
Ein Grundprinzip des psychischen Geschehens, das die Tendenz beinhaltet, Unlust zu vermeiden und Lust (als Reduzierung/Abwesenheit von Schmerz oder Spannung) zu erlangen.
  Das Lustprinzip wird in einem Gegensatz zum Realitätsprinzip gestellt, unter dem unvermeidliche Unlust, Schmerz und Leiden passiv akzeptiert werden und gegen vermeidbare Erfahrungen dieser Art aktiv vorgegangen wird.
  Siehe auch: Realitäts- vs. Lustprinzip; Nirwanaprinzip

Manie
In der Psychoanalyse versteht man unter diesem Begriff zum einen das psychotische Krankheitsphänomen (➜ Psychose), das als akute oder chronische Abwehr von Melancholie entsteht (➜ Manisch-Depressives Syndrom) und sich in einer Zunahme der körperlichen und psychischen Aktivität, in Ideenflucht und extremer Selbstüberschätzung äußert. Als manisch werden aber auch gewöhnliche vorübergehende psychische Reaktionen (Hochgefühl) bezeichnet, zu denen es häufig kommt, wenn das Ich einen Zustand er-

reicht, das seinem Ideal-Ich nahekommt (zum Beispiel nach einem Erfolg). Auch hier zeigt sich ein fließender Übergang zwischen den normalen und den krankhaften Ausprägungen.

Manifester Inhalt
Siehe: Inhalt, manifester

Manisch-Depressives Syndrom
Ein Krankheitsbild, bei dem Phasen der Depression regelhaft mit solchen der Manie abwechseln, jedoch die depressiven Zustände überwiegen.
Siehe auch: Manische Abwehrmechanismen

Manische Abwehrmechanismen
Die Fähigkeit zur Besorgnis um das Objekt setzt die Möglichkeit des Individuums voraus, in gewissem Umfang psychischen Schmerz zu ertragen (→ Depressive Position). Da der Mensch aber nicht immer in der Lage ist, die mit der psychischen Reifung verbundenen Schmerzen (Angst, Schuldgefühl, Depression) auszuhalten, kann ein Impuls ausgelöst werden, dieses Leiden abzuwehren. Dabei können manische Abwehrmechanismen, wie unter anderem die Entwicklung von Omnipotenzphantasien, Verleugnung, Omnipotente Kontrolle des Objekts, Idealisierung, Verächtlichmachung und Verachtung benutzt werden, um die empfundene Abhängigkeit vom Objekt durch einen manischen Triumph abzustreiten (»Ich brauche das Objekt und seine Liebe nicht«). Manische Zustände sind auch Teil der normalen psychischen Entwicklung und treten nicht nur bei manischer oder manisch-depressiver Psychose auf.

Masochismus
Masochismus bezeichnet die bewußte oder unbewußte Tendenz, physisches oder psychisches Leid zu suchen, um auf diesem Wege sexuelle Erregung oder Befriedigung zu erreichen.
Eine besondere Form stellt der »moralische Masochismus« dar, bei dem das Subjekt sich unter dem Druck eines

unbewußten Schuldgefühls in die Position des Opfers begibt. Dies kann sich zum Beispiel als Strafbedürfnis, Selbstanklagen und Mißerfolgserleben manifestieren.

Masochismus wird in der Psychoanalyse ganz allgemein als ein Charakterzug von Individuen angesehen, die sich selbst schlecht behandeln oder zum Beispiel durch andere demütigen oder quälen lassen.

Siehe auch: Negative therapeutische Reaktion

Mehrfache Determinierung
Siehe: Determiniertheit, mehrfache

Meisterung
Begriff für eine gelingende Bewältigung und Überwindung von seelischen Konfliktsituationen. Der englischsprachige Begriff »mastery« geht auf Joseph Weiss und Harold Sampson zurück. In der modernen Psychoanalyse wird nach den Fähigkeiten zur Bewältigung und Meisterung von Herausforderungen gesucht (sogenannte »Ressourcenorientierung«), auch wenn die Berücksichtigung von Mängeln und Unfähigkeiten des Ich (sogenannte »Defekt-« oder »Defizitorientierung«) nicht aus dem Blick geraten darf.

Siehe auch: Ressourcen

Melancholie
Historischer Begriff für wahnhafte Depression (Schuldwahn, Verarmungswahn oder Krankheitswahn).

Mentalisierung
Die Auseinandersetzung mit kognitionspsychologischen Ansätzen hat diesen Begriff geprägt. Mit ihm wird der Akzent auf den psychischen Prozeß gelegt, der zur Entwicklung von Denkprozessen und Gedankenbildung führt. Analytische Überlegungen gehen davon aus, daß das Denken in den primären Objektbeziehungen entsprechend dem → Container-Contained-Modell entwickelt wird. Die transformierende Aufgabe der Mutter (bzw. der ersten Bezugspersonen) besteht darin, die körperlichen (sensorischen und motorischen) Signale des Säuglings angemessen wahrzu-

nehmen. So versteht die Mutter zum Beispiel das Weinen des Baby als ein »Es hat Hunger«. Sie verleiht damit den Gesten einen Sinn und gibt dem Säugling eine Antwort, indem sie beispielsweise sein Bedürfnis stillt. Durch die Resonanz erhält das Signal für den Säugling eine kommunikative Bedeutung. Die Rückmeldung der Mutter macht die spontane Geste des Säuglings sinnvoll und verwandelt dadurch Körperliches in Seelisches. Dieser bedeutungsgebenden und sinnstiftenden Funktion kann die Mutter dann gerecht werden, wenn sie sich gefühlsmäßig auf die Äußerungen und die inneren Zustände ihres Babys einläßt und sich dafür zuständig fühlt, sie zu auch gedanklich einzuordnen. Aus diesem Verständnis kann sie seine Bedürfnisse dann zum Teil befriedigen, indem sie direkte Linderung verschafft oder Verhältnisse herstellt, in denen die Spannungen, die zu diesen Reizen führen, zunehmend ausgehalten werden können, weil sie von dem Baby mit der Vorstellung verknüpft werden können, daß sie ein »gutes Ende« nehmen werden. Das ist der Beginn der Denkaktivität. Die Entstehung des Denkens ist an die Dialektik zweier Aspekte geknüpft: Spannungszuständen, die durch das Ausfallen von Befriedigung entstehen, welches zum Beispiel durch eine momentane Abwesenheit des Objekts bedingt ist, stehen auf der anderen Seite hinreichende Befriedigungserfahrungen des Säuglings durch die bedeutungsgebende und transformierende Funktion der Mutter gegenüber. Erst aus dieser Interaktion vermag der Säugling Vorstellungen über seinen eigenen Zustand (Gedanken) zu entwickeln, und erste → Repräsentanzen können sich bilden.

Metapsychologie
Dieser von Sigmund Freud geprägte Begriff umfaßt die Gesamtheit der abstrakten Konstrukte, Konzepte und Modellvorstellungen der Psychoanalyse als wissenschaftlicher Theorie. Hierunter zählen beispielsweise das Strukturmodell, das Selbst und das Objekt, die verschiedenen seelischen Entwicklungsstadien und anderes mehr.

Modell, Instanzen-
Siehe: Instanzenmodell

Modell, ökonomisches
Das dynamische oder ökonomische Modell erfaßt, daß im Seelenleben Kräfte und Antriebe am Werk sind (Bedürfnisse, Wünsche, Affekte, Empfindungen, Energien, Impulse), die bestimmten Gesetzmäßigkeiten unterliegen. Es betont vor allem die Prägung des Erlebens und Verhaltens durch Triebe oder Motivationssysteme (zum Beispiel Sexualität, Aggression, Narzißmus). Neben dem Lustprinzip (Streben nach Lust und Vermeiden von Unlust) und dem Realitätsprinzip (Fähigkeit zum Aufschub von Befriedigung und zum Verzicht) haben die moderne Ich- und Selbst-Psychologie das Sicherheitsprinzip (Streben nach Sicherheit und Wohlbefinden im narzißtischen Gleichgewicht) und die intersubjektive Theorie (Jessica Benjamin) das Prinzip wechselseitiger Spiegelung und Anerkennung als grundlegende Regulationsprinzipien psychischen Geschehens herausgestellt.
Siehe auch: Realitäts- vs. Lustprinzip

Modell, topisches
In seinem ersten topischen, das heißt räumlichen, Modell benutzt Sigmund Freud die Metapher eines psychischen Apparats, der aus drei übereinander angeordneten seelischen Schichten besteht. Sie sind jeweils durch eine Zensurschranke voneinander getrennt. Er nennt sie das Unbewußte, das Vorbewußte und das Bewußte.
Eine Verwirrung kann dadurch entstehen, daß Sigmund Freud und andere das ➔ Instanzenmodell ebenfalls »topisch« nennen (sogenanntes »zweites topisches Modell«).

Möglichkeitsraum
Der Möglichkeitsraum, auch potentieller Raum oder Übergangsraum genannt, beschreibt nach Donald W. Winnicott einen imaginären Bereich zwischen der äußeren und der inneren Wirklichkeit. Es ist die Sphäre des Spielens, des Träumens, des kulturellen Erlebens, der Religion und der

Kreativität. Seine Ursprünge liegen im körperlich-seelischen Spielraum, den eine Mutter ihrem Baby anbieten kann, beispielsweise zwischen ihrem Körper, ihrer Haut, und dem Körper beziehungsweise der Haut des Babys. Dabei geht es darum, »fest zu halten, ohne festzuhalten«.

Mütterlichkeit, primäre
Der Begriff von Donald W. Winnicott beschreibt den spezifischen seelischen Zustand der Zugewandtheit und Sensibilität einer Mutter gegenüber ihrem Neugeborenen. Die primäre Mütterlichkeit umfaßt ein sehr offenes, einfühlendes und stimmiges Eingehen auf die Äußerungen des Kindes (→ Geste, spontane). Die weitgehende Anpassung der Mutter und bedeutsamer Anderer an das Kind im Zustand der primären Mütterlichkeit kann jedoch niemals vollkommen sein, notwendig ist aber eine hinreichend gute mütterliche Zuwendung. Für eine gesunde Weiterentwicklung ist es unumgänglich, daß im Lauf der Zeit die Mutter in den Zustand einer »normalen«, hinreichend guten Mütterlichkeit zurückkehrt.
Siehe auch: Reverie

Mutter
Psychoanalytische Überlegungen weisen der Mutter, beziehungsweise der mütterlichen Figur, von Beginn an eine zentrale Rolle in der psychischen Entwicklung des Kindes zu, vor allem in Zusammenhang mit ihrer → Container-Funktion. Im subjektiven Erleben des Säuglings kann die Mutter anfänglich nur als partiales Objekt, und zwar entweder ausschließlich in ihrer befriedigenden oder ausschließlich in ihrer versagenden Funktion wahrgenommen werden. Erst im Lauf der weiteren Entwicklung kann sie dann als ein vom Kind getrenntes Wesen mit eigenständigen Bedürfnissen und Interessen erkannt werden (Ganzes Objekt).

In der psychoanalytischen Betrachtung bleibt die Mutter verknüpft mit der Vorstellung vom Vater und dem väterlichen Prinzip (→ Ödipuskomplex, → Triangulierung, → Urszene).

Alleinerziehende Mütter, denen kein männlicher Partner zur Seite steht, werden mit entsprechenden unbewußten Bedürfnissen ihres Kindes konfrontiert. Das fordert von ihnen, innere trianguläre Strukturen (Mutter und Vater zugleich zu sein) finden zu müssen.

Mutter, hinreichend gute
Die Formulierung des »hinreichend Guten« stammt von Donald W. Winnicott. Er möchte damit dazu beitragen, daß die Menschen sich nicht durch unmenschliche Ideal- und Perfektionsforderungen überfordern. Die hinreichend oder durchschnittlich gute Mutter ist für ihn der Normalfall, sie wird den Anforderungen ihres Kindes in aller menschlichen Begrenztheit in ausreichendem Maß gerecht. Die Bezeichnung »hinreichend gut« läßt sich auf viele Bereiche anwenden.

Nachträglichkeit
Bezeichnet den Prozeß, in dem Erfahrungen beziehungsweise ihr seelischer Niederschlag (➜ Repräsentanzen) im späteren Leben aufgrund anderer, aber vergleichbarer Erfahrungen (zum Beispiel mit dem Erreichen einer neuen Entwicklungsstufe oder im Rahmen einer psychoanalytischen Behandlung) verändert und umgedeutet werden. Auf diese Weise kann sich der Sinngehalt einer Erfahrung so wandeln, daß die Erlebnisse ganz andere Gewichtungen und Bedeutungen erhalten.
Der Begriff wird vor allem in Zusammenhang mit schwerwiegenden und traumatischen Erfahrungen gebraucht.
 Siehe auch: Trauma

Narzißmus
Die Psychoanalyse unterscheidet zwischen einem gesunden Narzißmus und einem pathologischen Narzißmus. Dagegen ist im allgemeinen Sprachgebrauch die Formulierung »narzißtisch« negativ konnotiert, im Sinne von »egoistisch« oder »ausschließlich selbstbezogen«.
 Die Entwicklung und Entfaltung eines gesunden Narzißmus wird durch eine hinreichend gute haltende und spie-

gelnde Mitwelt begründet. Er umfaßt ein grundlegendes Sicherheitsgefühl (→ Urvertrauen), die Integration partieller Selbstanteile zu einer Selbstkonstanz sowie ein hinreichendes Selbstwertgefühl, und er ist mit einem stabilen Gefühl körperlichen Wohlbefindens verknüpft. Der gesunde Narzißmus erlaubt die Fähigkeit, eigene Impulse und »spontane Gesten« ich-synton auszudrücken, eine angemessene Selbstbehauptung und die Fähigkeit, produktive und intensive Beziehungen zu den Objekten aufzunehmen und aufrechtzuerhalten sowie Befriedigungen von ihnen anzunehmen. Darüber hinaus gehört dazu eine realistische Selbsteinschätzung und die Entwicklung reifer Ideale und Strebungen.

Pathologischer Narzißmus dagegen erweist sich als eine Abwehrstruktur, die, einhergehend mit kalter Mißachtung und Entwertung anderer, zur Ausbildung eines unrealistischen → Größen-Selbst führt und eine pathologische Zerstörungswut verursacht. Als »destruktiver« oder »negativer Narzißmus« (Herbert Rosenfeld) wird eine psychische Organisation bezeichnet, die unter der Vorherrschaft aggressiver, gegen das Selbst und die Objekte gerichteter Impulse steht. Innerhalb einer solchen Charakterstruktur spielen Selbst-Idealisierung und Omnipotenzvorstellungen eine zentrale Rolle. Die Abhängigkeit von menschlichen Beziehungen wird geleugnet und bekämpft.

Siehe auch: Persönlichkeit, narzißtische

Narzißtische Persönlichkeit/Narzißtische Persönlichkeitsstörung
Siehe: Persönlichkeit, narzißtische

Narzißtische Wut
Siehe: Wut, narzißtische

Negative therapeutische Reaktion
Ein behandlungstechnischer Begriff, der die paradoxe Reaktion bezeichnet, daß sich die Symptomatik mancher Patienten im Verlauf der psychotherapeutischen Behandlung verschlechtert, insbesondere, nachdem eine Einsicht gewonnen oder ein Fortschritt erzielt wurde. Dieses Phäno-

men wird in Zusammenhang mit dem primären Masochismus oder Schuldgefühlen gebracht. Letzteres ist mit der Annahme verbunden, die aufgeladene Schuld könne keine Entwicklung zulassen. Die negative therapeutische Reaktion wird von manchen Autoren auch als ein Ausdruck von neidisch-destruktiven Impulsen bezeichnet, die sich gegen die Entwicklung des analytischen Prozesses und den Analytiker richten.

Es ist wichtig, eine negative therapeutische Reaktion von einer negativen Übertragung zu unterscheiden. Darüber hinaus ist es bedeutsam zu untersuchen, ob die Deutungen des Analytikers, welche die negative therapeutische Reaktion des Patienten hervorgerufen haben, möglicherweise defensiv oder nicht zutreffend, zu früh oder beschämend gewesen sind oder ob es sich tatsächlich um den Ausdruck von originären destruktiven Impulsen des Patienten handelt.

Erst die sorgfältige Analyse der Übertragung und Gegenübertragung ermöglicht es, eine negative therapeutische Reaktion klarer zu erkennen.

Neid

Als Neid bezeichnet man die Unzufriedenheit darüber, daß ein anderer Eigenschaften oder Fähigkeiten besitzt, an denen es einem selbst mangelt. Das kann zu Aggressionen gegenüber demjenigen führen, dem das zur Verfügung steht, was man sich selbst wünscht.

Die psychoanalytische Schule Melanie Kleins geht davon aus, daß Neid eine der frühesten und fundamentalsten Emotionen sei, ein Ausdruck der kindlichen Destruktivität, die sich gegen die Quellen des Lebens richtet, gegen das Gute, welches das Subjekt im Leben erfährt, kurz: gegen das befriedigende Objekt und nicht gegen das böse Objekt. Diese Betrachtungsweise setzt die theoretische Existenz eines angeborenen Todestriebes voraus, der sich in einem ständigen Ringen mit dem Lebenstrieb befindet. Nach diesen psychoanalytischen Überlegungen kann die Wahrnehmung von Bedürfnissen, mit denen der Säugling von Geburt an konfrontiert ist, zwei mögliche Reaktionen zur Folge haben: entweder das Verlangen, diese zu befriedigen, was die Suche nach einem entsprechenden Objekt auslöst und zur Grundlage der Liebe wird, oder das Verlangen, das Bedürfnis oder seine Wahrnehmung und das Objekt aufgrund neidischer Impulse zu beseitigen. Neid wird als eine Manifestation des oralen Sadismus konzipiert.

Da Neid verschiedenartige Ängste auslöst, können eine Reihe von unbewußten Abwehrmechanismen gegen ihn gerichtet werden. Die Entwicklung von Omnipotenzvorstellungen, Verleugnung, Spaltung und Idealisierung sowie Projektion und projektive Identifizierung sind die bekanntesten unter diesen Mechanismen.

Es ist wichtig, zwischen Neid und Eifersucht zu unterscheiden. Neid entsteht aus einem Vergleich zwischen Subjekt und Objekt (zwei Parteien). Eifersucht dagegen entsteht durch das Hinzutreten eines bevorzugten Dritten. Sie kann zu dem Wunsch führen, den Rivalen vernichten zu wollen aus Angst, das Objekt zu verlieren (zum Beispiel das ödipale Rivalisieren des Sohnes mit dem Vater um die Mutter).

Neurasthenie
Ein historischer Begriff, der einen Zustand exzessiver Müdigkeit bezeichnet, von der man glaubte, daß sie mit den »Nerven« zusammenhinge. Sigmund Freud ordnete die Neurasthenie (allgemeine Nervosität) unter die Aktualneurosen ein und behauptete einen Zusammenhang zwischen diesem Zustand und dem sexuellen Unbefriedigtsein des Individuums. Es gibt Überlegungen, daß es zwischen der neuen Erkrankungserscheinung des CFS (Chronical Fatigue Syndrom) und der Neurasthenie eine Verbindung gibt.

Neurose
Der sehr weite Begriff erfaßt seelische Erkrankungen, die in einer längerfristigen Störung bestimmter Aspekte des seelischen Funktionierens bestehen. Die neurotischen Symptombildungen stellen Kompromisse zwischen Bedürfnissen und Triebwünschen und deren Abwehr dar oder resultieren aus Spannungen zwischen dem Selbst und inneren Objekten. Im psychoanalytischen Krankheitsverständnis wer-

den die Neurosen gegen die Psychosen und die Grenzstörungen (Borderline) abgehoben. Zwischen der »normalen« und der neurotischen Konfliktverarbeitung bestehen fließende Übergänge. Die Behandlung neurotischer Erkrankungen stellt ein klassisches Hauptarbeitsgebiet der Psychoanalytiker dar.

Neutralität
Es kann keine Neutralität in der Beziehung zwischen Psychotherapeut und Patient geben. Mit diesem Begriff wird das Bemühen des Psychoanalytikers charakterisiert, dem Analysanden mit einer überwiegenden Zurückhaltung und einer möglichst weitgehenden Wertungsfreiheit zu begegnen. Im Rahmen der Behandlung versucht der Analytiker, möglichst unbeeindruckt von seinen persönlichen Werturteilen, alles, was vom Analysanden kommt, zunächst mit ➜ gleichschwebender Aufmerksamkeit anzunehmen. Eine vollkommene Neutralität ist ein unerreichbares und wohl auch gar nicht erstrebenswertes Ideal. Die persönliche Neutralität des Psychotherapeuten kann von manchen Patienten sogar als Ablehnung erlebt werden. Sie erfahren den Therapeuten dann als »sprechende Attrappe« (Tilmann Moser). Möglich und sinnvoll ist nur eine Bemühung um bestmögliche ➜ Abstinenz, die im Dienste des Patienten und seiner Entwicklung steht.

Nicht-Wissen
Neben dem Streben nach Wissen, nach Bewußtwerden hebt die Psychoanalyse den Wert des Zustands von Nicht-Wissen für die Entwicklungsprozesse hervor. Der vorübergehende Verzicht auf unumstößliches Wissen und das Aushalten von begrenzter Unsicherheit erlaubt das Aufbrechen fundamentalistischer Wissensmuster (»das, was man weiß«). Das Nicht-Wissen fordert die Neugier heraus, die Voraussetzung jeglicher Weiterentwicklung ist.

Ein Psychotherapeut, der »alles weiß«, setzt seine eigene Geste an die Stelle der spontanen Geste des Patienten. Durch sein Nicht-Wissen schafft der Psychotherapeut dagegen einen schöpferischen Entfaltungsspielraum für seinen

Patienten. Bisweilen erweist sich das Nicht-Wissen als therapeutisch produktiver und hilfreicher als das Wissen!

Nirwanaprinzip
Nach Sigmund Freud handelt es sich hierbei um eines der regulativen Prinzipien des psychischen Geschehens. Es bezeichnet das Bestreben der Psyche, sich von Unlust zu befreien und einen Zustand zu erreichen, der vollkommen frei ist von Spannung und Erregung. Das Nirwanaprinzip gilt als Hauptkraft hinter dem Todestrieb, da Spannungen, Schmerz und Angst unvermeidlich zum Leben gehören.

Nosologie
Begriff für eine wissenschaftlich begründete systematische Krankheitslehre. Innerhalb der psychotherapeutischen Schulen hat die Psychoanalyse die umfassendste und differenzierteste Krankheitslehre vorgelegt, die aus ihren Vorstellungen über die Gesundheit, die Persönlichkeit, die Entwicklung und die Psychodynamik erwächst.

Siehe auch: Pathologie

Objekt
Im Gegensatz zum herkömmlichen Sprachgebrauch (Ding, Gegenstand, Sache) bezeichnet der Begriff »Objekt« in der Psychoanalyse immer das Gegenüber des Subjekts. Es kann auch materiell und unbelebt sein, im wesentlichen bezieht sich diese Formulierung aber auf den »bedeutsamen Anderen«. Wir können ihn auch das »Du« nennen. Verwirrend kann sein, daß der Begriff bisweilen für die reale Person benutzt wird (äußeres Objekt), an anderen Stellen aber für die seelische Repräsentanz derselben (inneres Objekt).

Objekt, äußeres
Im allgemeinen kann als äußeres Objekt dasjenige reale Objekt verstanden werden, das die Bedürfnisse befriedigt. Für den Säugling ist das in der Regel die Mutter. Paradoxerweise wird das Objekt aber als solches zum ersten Mal wahrgenommen, wenn es abwesend ist. Die zeitweilige Abwesenheit des Objekts ist die Voraussetzung zu einer Unter-

scheidung zwischen Selbst und Objekt (➜ Subjekt-Objekt-Differenzierung). Wenn die Mutter vorübergehend abwesend und das Kind in der Lage ist, diese vorübergehende Abwesenheit auszuhalten, wird es ihm möglich, die entstandene Lücke durch das Hervorbringen eines Bildes der Mutter gedanklich zu schließen. Insofern ist die Abwesenheit des äußeren Objekts auch Grundlage für die Entstehung der ersten Gedanken (➜ Mentalisierung).

Die Entwicklung und das Erleben des inneren Objekts erwachsen aus den Erfahrungen mit dem äußeren Objekt und den inneren Vorgängen im Kind. Die so geschaffenen inneren Objekte üben wiederum Einfluß auf die Wahrnehmung und den Umgang mit den äußeren Objekten aus.

Siehe auch: Phantasie, unbewußte

Objekt, gutes/böses
Die kleinianische Theorie postuliert, daß der Säugling eine körperliche Empfindung so deutet, als sei sie von dem Objekt willentlich ausgelöst worden, das je nach Qualität des hervorgerufenen Gefühls dann geliebt (gutes Objekt) oder gehaßt wird (böses Objekt).

Ein hungriges Baby zum Beispiel empfindet unangenehme Gefühle im Magen psychisch so, als würde sich ein ihm übelwollendes Objekt ganz konkret in seinem Bauch befinden und ihm die unbehagliche Empfindung vorsätzlich verschaffen. Demgegenüber wird eine Sensation emotionalen Wohlbefindens in der Phantasie einem guten Objekt zugeschrieben, das angenehme Gefühle in ihm verursacht. Die Umgangssprache greift diese Phantasie auf, wenn zum Beispiel bei der Verliebtheit von »Schmetterlingen im Bauch« die Rede ist.

Wenn die Bedürfnisse des Säuglings eine Versagung erfahren, steigt sein Unbehagen, seine Frustration. Das kann zur Entstehung von Wut und Haßgefühlen gegenüber dem versagenden Objekt führen. Diese wiederum werden die Art, in welcher der Säugling das Objekt wahrnimmt, beeinflussen. Aufgrund einer Projektion der Wut wird das Objekt als mit ähnlichen Haßgefühlen ausgestattet erlebt wie er selbst.

Der Säugling sieht die Welt vor allem schwarz-weiß. Bei dieser Perspektive auf das Objekt sind frühe Spaltungsmechanismen wirksam, die das Objekt in ein gutes und ein böses Objekt teilen. Reifere Betrachtungsweisen können die Wahrnehmung eines Objekts mit seinen guten wie auch seinen bösen Seiten ertragen (→ Ambivalenz). Die Begriffe »Gut« und »Böse« werden nicht in einem moralischen Sinn gebraucht, sondern als Ausdruck des körperlichen und psychischen Befindens im Subjekt.

Objekt, inneres
Ganz allgemein gesehen ist ein inneres Objekt die psychische Repräsentanz oder die Phantasie von einem Objekt. Die kleinianische Theorie behauptet, daß es beim Säugling schon sehr früh konkrete Vorstellungen davon gibt, Objekte in sein Inneres aufgenommen zu haben. Diese frühe Erfahrung kann aber nicht bewußt wahrgenommen werden. Sie setzt die Annahme voraus, daß sich von Lebensbeginn an eine psychische Organisation entwickelt, die körperliche Impulse und Empfindungen in Zusammenhänge zu stellen versucht. Nach dieser Theorie sind es gerade die inneren Objekte, mit denen das Subjekt sich identifizieren kann und die zum Aufbau der Identität verhelfen oder im anderen Fall bedrohlich werden können (innere Verfolger).

Innere Objekte prägen die Wahrnehmung äußerer Objekte mit. Ein hungriger Säugling kann zum Beispiel die ersehnte stillende Brust als ein durch seinen projizierten Haß vergiftetes, böses Objekt empfinden und sie deswegen ablehnen.

Objekt, partiales/ganzes
Unter einem Partial-Objekt versteht die Psychoanalyse Melanie Kleins vor allem innere Bilder von Teilen des mütterlichen oder des eigenen Körpers – zum Beispiel die → Brust –, die mit Emotionen und Empfindungen verknüpft werden. So kann die Brust, wenn der Säugling satt und zufrieden ist, zur »guten Brust«, wenn er hungrig oder frustriert ist, zur »bösen Brust« werden. Daß es sich um ein und dasselbe Objekt handelt, das sowohl die angenehmen als auch die un-

angenehmen Gefühle auslöst, kann das Baby noch nicht wahrnehmen.

Da die Sinnesorgane, zum Beispiel der Sehapparat, zum Lebensbeginn zunächst rein physiologisch noch unausgereift sind und sich auch die Gehirnfunktionen erst noch differenzieren müssen, ist der Säugling zunächst nur in der Lage, Teile, aber weniger Zusammenhänge, die zu einem Ganzen führen, wahrzunehmen. Das bezieht sich sowohl auf die inneren Zustände, seine Empfindungen, als auch auf die äußere Welt, die wesentlich durch die Mutter oder mütterliche Beziehungspersonen repräsentiert wird.

Wenn die Sinnesorgane und das Nervensystem heranreifen und die Wahrnehmungen des Kindes durch Bedeutungszuschreibung der wichtigen Beziehungspersonen in sinnvolle Zusammenhänge gebracht werden, können die Teilobjekte zu ganzen Objekten werden. Eine weitere Voraussetzung für die Möglichkeit, ganze Objekte wahrzunehmen, ist die Entwicklung der Fähigkeit zur ➔ Ambivalenz. Es gibt dann nicht mehr länger nur die »böse Mutter« oder die »böse Brust«, die vermeintlich das Unbehagen des Hungergefühls hervorruft, und die »gute Mutter«, die den Hunger stillt. Es ist nun dasselbe »Ganze Objekt«, das gut und böse ist und somit zwiespältig erlebt wird. Ab diesem Moment wird das ➔ Objekt nicht mehr nur in seiner Funktion betrachtet, die Bedürfnisse des Subjekts zu befriedigen, sondern es kann nun als ein Ganzes in seiner Eigenständigkeit, mit eigenen Bedürfnissen, Interessen, Wünschen, Ideen und Rechten ausgestattet, wahrgenommen werden. Diese Eigenständigkeit des Objekts, das damit zu einem Subjekt wird (➔ Subjekt-Objekt-Differenzierung), ist die Voraussetzung einer reifen, wirklichen und realistischen Beziehung zwischen ➔ Selbst und Objekt.

Siehe auch: Depressive Position; Paranoid-schizoide Position

Objekt, primäres
Damit werden die ersten Bezogenheiten oder Beziehungspersonen des Säuglings bezeichnet. Dazu zählen zum Beispiel: die Stimme der Mutter, ihre Körpergeräusche, ihre

Haut oder die Brust (als Partialobjekt) oder später die ganze Mutter (als Objekt) beziehungsweise deren innere Repräsentanzen. In diesem frühen Erleben des Säuglings ist der »Dritte« (Vater) im Bild der Mutter mit einbezogen.

Siehe auch: Objekt, partiales/ganzes; Ödipuskomplex, früher oder prägenitaler; Triangulierung

Objektbeziehung
Darunter versteht die Objektbeziehungstheorie einerseits die von Lebensbeginn an vorhandenen realen Beziehungen des Säuglings zu Personen seiner Umwelt, die untrennbar mit seinen Bedürfnissen, inneren Nöten und körperlichen Spannungen verknüpft sind. Die kleinianische Psychoanalyse geht anderseits davon aus, daß es von Lebensbeginn an psychische Aktivitäten im Säugling gibt, die sich in Phantasien über Objektbeziehungen äußern. So wird zum Beispiel angenommen, daß der Säugling unangenehme Hungergefühle als Anwesenheit eines bösen Objekts in seinem Bauch interpretiert (umgangssprachlich: »Mir liegt es wie ein Stein im Magen«). Fühlt sich der Säugling satt und zufrieden, entsteht die Phantasie eines guten Mutter-Objekts in seinem Inneren. So bewirkt jede körperliche Empfindung, die von einem Trieb verursacht wird, die Vorstellung eines spezifischen partialen Objekts. Obwohl der Einfluß der primären Objekte zum Beispiel auf die Entstehung der psychischen Struktur des Über-Ich schon in den Anfängen der Psychoanalyse erkannt wurde, haben es erst die Erkenntnisse aus der Kinder-Psychoanalyse ermöglicht, die Beschaffenheit der Beziehung des Subjekts zu seinen inneren Objekten differenzierter zu beschreiben.

Dispositionelle Faktoren und konkrete Erfahrungen mit dem Objekt fließen im Sinne einer → Ergänzungsreihe zur Wahrnehmung des Objekts durch das Subjekt zusammen.

Objektbeziehungs-Psychologie
Siehe: Objektbeziehungstheorie

Objektbeziehungstheorie
Es handelt sich um einen Sammelbegriff für diejenigen

psychoanalytischen Theorieansätze, deren Schwergewicht auf der Entwicklung, der Dynamik und den Störungen der Objektbeziehungen liegt. Neben der Ich-Psychologie, der Trieb-Psychologie und der Selbst-Psychologie bilden sie eine der vier gegenwärtig wichtigsten Richtungen der Psychoanalyse. Die Wurzeln der Objektbeziehungstheorie finden sich in der ungarischen Schule (zum Beispiel Sándor Ferenczi, Imre Hermann) und der britischen Richtung der Psychoanalyse (zum Beispiel Michael Balint, John Bowlby, William Ronald Fairbain, Melanie Klein, René Spitz, Donald W. Winnicott), ein bedeutsamer heutiger Vertreter ist auch Otto F. Kernberg.

Gemeinsam ist den verschiedenen Objektbeziehungstheorien das starke Interesse an den frühen seelischen Entwicklungsstadien. Besondere Bedeutung wird der Internalisierung frühester dyadischer und triadischer Objektbeziehungen für die seelische Strukturbildung des Ich-Selbst zugemessen.

Behandlungstechnisch entspricht dem eine Gewichtsverschiebung in Richtung einer Beziehungsanalyse. Dabei werden die Übertragungs-Gegenübertragungszenen zwischen Patient und Psychotherapeut als Wiederbelebung internalisierter Objektbeziehungen der gesamten Lebensgeschichte verstanden. Gewisse Parallelen zur Selbst-Psychologie sind gerade in behandlungstechnischen Fragen nicht zu übersehen.

Unterschiedliches Gewicht wird in den verschiedenen Ausprägungen der Objektbeziehungstheorie auf die Auswirkungen realer Traumatisierungen und die Bewältigung von Konflikten in den frühen Phantasien (beispielsweise in der kleinianischen Psychoanalyse) gelegt.

Objektkonstanz
Objektkonstanz bezeichnet die in der Entwicklung zumeist etwa zwischen dem 24. und 36. Monat erworbene Fähigkeit, die gute psychische Repräsentanz eines Objekts auch dann aufrechtzuerhalten, wenn das reale Objekt nicht mehr anwesend oder nicht mehr vorhanden ist und dadurch negative Gefühle ausgelöst werden. Entsprechend bedeutet

»Selbstkonstanz« die Fähigkeit, ein gutes Selbstbild auch angesichts von Frustrationen zu bewahren.

Objektliebe, primäre
Die Objektbeziehungstheorie beschreibt damit die spezifische Form der Beziehung zwischen dem Säugling und seiner Mutter beziehungsweise einem mütterlichen Objekt. In diesem frühen Erleben des Säuglings ist der »Dritte« (Vater) im Bild der Mutter mit einbezogen. Außerdem besteht zwischen dem Erleben des Selbst und des Objekts weitgehend keine Differenz. Dieser Zustand kann durch ein fast vollkommenes einfühlendes, stimmiges Verständnis und antwortendes Verhalten der Mutter auf die Äußerungen des Kindes begünstigt werden (→ Affekt-Attunement). Die Vorstellung einer vom Säugling als von sich selbst überwiegend ununterschieden erlebten Mutter oder anderer wird auch als → Selbstobjekt oder subjektives Objekt (Donald W. Winnicott) bezeichnet. Erst eine hinreichende Subjekt-Objekt-Differenzierung erlaubt eine wirkliche Beziehung zum nun als vom Selbst getrennt und abgegrenzt erlebten Objekt, zum Beispiel die Liebe zu einem anderen Menschen.

Objekt-Repräsentanz
Hiermit werden die aus Interaktionserfahrungen gewonnenen inneren Bilder und Vorstellungen von den bedeutsamen Anderen sowie die damit verbundenen Affekte bezeichnet. Der Begriff »Objekt-Repräsentanz« wird in der psychoanalytischen Literatur nicht selten gleichbedeutend mit dem Wort »Objekt« verwandt, was irritierend sein kann, weil damit die klare Unterscheidung zwischen äußerem und innerem Objekt aufgehoben wird.

Ödipuskomplex
Diese von Sigmund Freud in Anlehnung an den griechischen Mythos von Ödipus entworfene und zu einem Hauptkonzept der Psychoanalyse erhobene Beziehungskonstellation beschreibt das unbewußte Dreiecksverhältnis zwischen Sohn, Vater und Mutter. In der klassischen Darstellung fühlt der Sohn sich in seinen Gefühlen und Phantasien zu

seiner Mutter hingezogen und möchte sich mit ihr vereinigen. Da der Vater diese Verbindung stört, wird er gehaßt und muß beseitigt werden. In der Bewältigung des ödipalen Konflikts durch den Verzicht auf die Mutter und die Identifizierung mit dem Vater findet Sigmund Freud den wichtigsten Aspekt einer gesunden seelischen Reifung und Identitätsbildung beim Mann. Sie umfaßt vor allem die Akzeptanz von Grenzen und den Verzicht auf Allmachtsphantasien. Die Generations- und Geschlechtsunterschiede werden anerkannt.

Beim sogenannten »negativen Ödipuskomplex« wendet sich der Sohn liebend an den Vater und wünscht, die Mutter zu beseitigen.

Die klassische Betrachtung der ödipalen Situation ist in der heutigen Psychoanalyse einer sehr differenzierten Sichtweise auf die vielfältigen Komponenten und Erscheinungsformen ödipaler Konstellationen gewichen.

Obgleich entsprechende Phänomene auch bei Töchtern festzustellen sind, wird eine schlichte Übertragung des ursprünglichen Konzepts auf die weibliche Entwicklung von vielen Analytikern in Frage gestellt.

Die kleinianische Psychoanalyse nimmt an, daß von Lebensbeginn an in den Phantasien Frühstadien des Ödipuskomplexes wirksam sind.

In der wissenschaftlichen Geschichte der Psychoanalyse hat der Ödipuskomplex heute eine bedeutsame Erweiterung in Richtung eines früheren Eintretens der ödipalen Konstellation (früher oder prägenitaler Ödipuskomplex) gefunden. Die immer wichtiger werdende interpersonale oder intersubjektive Sichtweise stellt auch die unbewußten »ödipalen« Impulse der Eltern (»Laios-Komplex«, »Jokaste-Komplex«) in Richtung ihrer Kinder stärker heraus.

Ödipuskomplex, früher oder prägenitaler
Die psychoanalytische Schule Melanie Kleins geht davon aus, daß sich sehr früh im kindlichen Leben eine Phantasie über die Beziehung der Eltern untereinander entwickelt, aus der sich das Kind ausgeschlossen fühlt. Aufgrund dieses Gefühls des Ausgeschlossenseins entwickelt es starke, ag-

gressive orale und analsadistische Impulse, welche die Phantasie einer entsprechend aggressiven Beziehung zwischen den Eltern hervorrufen, als übe der Vater körperliche Gewalt über die Mutter aus.

Manche Psychoanalytiker (z. B. André Green) betonen die Existenz einer strukturierenden Triangulierung von Beginn des Lebens an. Denn das Dasein eines Kindes ist immer Ausdruck der spezifischen Verbindung zwischen seiner Mutter und seinem Vater.

Siehe auch: Urszene

Ökonomisches Modell
Siehe: Modell, ökonomisches

Omnipotente Kontrolle des Objekts
Allmachtsgefühle und -phantasien spielen eine wichtige Rolle in den frühen Entwicklungsstadien. Die omnipotente Kontrolle des Objekts ist eng mit dem Mechanismus der → projektiven Identifizierung verbunden. Dabei ist das Subjekt unbewußt bestrebt, sein Gegenüber auf der Grundlage einer Projektion zu manipulieren und damit seiner Kontrolle zu unterwerfen.

Omnipotenz
Für die frühen Stadien des Kindesalters sind grenzenlose und damit auch allmächtige Gefühle und Phantasien aufgrund der noch mangelhaften seelischen Strukturierung charakteristisch. Ein Beispiel dafür ist der Glaube, daß das bloße Denken oder magische Handlungen zu Veränderungen der äußeren Welt führen (→ Allmacht der Gedanken). Durch Frustrationserfahrungen und die Wirkungen der Realitätserfahrung werden Kinder in die Lage versetzt, ein realistischeres, sowohl potentes als auch impotentes, Bild von sich selbst und anderen zu entwickeln.

Nach der Auffassung von Donald W. Winnicott gestattet eine Mutter, die sich ihrem Säugling in primärer Mütterlichkeit zuwendet und seine Bedürfnisse hinreichend gut befriedigt, diesem damit das illusionäre Erlebnis einer Omnipotenzerfahrung. Nur auf dieser Basis ist es dem Kind später möglich, entwicklungsgerecht seine Omnipotenzvorstellungen mehr und mehr zugunsten des Realitätsprinzips aufzugeben. Winnicott betrachtet Omnipotenzphantasien im Gegensatz zu diesem frühen Omnipotenzerlebnis als das Produkt von Abwehrvorgängen.

Destruktive Omnipotenzphantasien, die mit den primitiven Abwehrmechanismen verbunden sind (In-sich-Aufnehmen, Ausstoßen, Vernichten), können tiefgreifende und dauerhafte Auswirkungen auf die Entwicklung des Ich und auf seine Objektbeziehungen haben. Sie können zum Beispiel zu narzißtischen Objektbeziehungen führen oder zur Entstehung einer »narzißtischen Organisation« der Persönlichkeit, in der Teile des Selbst omnipotent idealisiert werden.

Omnipotente Phantasien können schließlich sekundär in der Dienst der Abwehr gegen Erfahrungen von Getrenntheit, Ohnmacht, Hilflosigkeit, Abhängigkeit und Neid gestellt werden.

Siehe auch: Narzißmus; Persönlichkeit, narzißtische

Oraler Charakter
Siehe: Charakter, oraler

Oralität/orale Phase
Bezeichnet die erste psychosexuelle Phase, die unter dem Primat der oralen Lust steht. Sie erstreckt sich etwa über die ersten 18 Lebensmonate. Die sexuellen Lustempfindungen sind dabei überwiegend mit der Reizung der Mundhöhle und der Lippen während der Nahrungsaufnahme verbunden. Daneben spielen Bewegungs- und Hautempfindungen eine wichtige Rolle (➔ autistisch-berührende Position).

Manche psychoanalytischen Überlegungen unterscheiden eine frühe orale Stufe, in der das Saugen vorherrscht, und eine zweite oralsadistische Stufe, die mit dem Erscheinen der Zähne und dem Beißen verbunden ist. In der modernen Psychoanalyse ist die psychosexuelle, körperbezogene Betrachtung erweitert um die Dimension der Entwicklung von ➔ Selbst, Selbstobjekt und Objektbeziehungen in dieser Frühzeit.

Die kleinianische Psychoanalyse hebt besonders den Zusammenhang zwischen den Körpererfahrungen und -empfindungen dieser Zeit und den inneren Bildern der Objektbeziehungen hervor. So kann das angenehme Befriedigungsgefühl beim Saugen an der Brust mit der Phantasie einer Einverleibung (→ Inkorporation) eines »guten Objekts« einhergehen (zum Beispiel der »guten Brust«). Umgekehrt kann ein Hungergefühl in der frühen Phantasie wie das Aufnehmen eines »bösen«, beißenden Objekts in den Bauch erlebt werden. Derartige Formen von frühen unbewußten Phantasien, das Erleben der Angst, von innen aufgefressen zu werden, können auch später bestehen bleiben.

Paranoia
Eine Variante der schweren seelischen Krankheit Psychose, in der das hervorragende Merkmal die Wahnvorstellung ist, angefeindet oder verfolgt zu werden. In leichterer Ausprägung bezeichnet der paranoide Modus eine Form seelischer Konfliktbearbeitung, in der die Mitwelt als hauptsächlich feindselig und negativ eingestellt erlebt wird und ihr deswegen nur mißtrauisch begegnet werden kann. Ein chronifiziertes Mißtrauen wird auch als soziale Phobie bezeichnet.
  Siehe auch: Paranoid-schizoide Position

Paranoide Abwehrmechanismen
Die von Melanie Klein gegründete psychoanalytische Schule geht davon aus, daß sehr früh eine gewisse Strukturierung des psychischen Lebens im Säugling existiert, die → paranoid-schizoide Position. Die frühe seelische Aktivität äußert sich in Phantasien über Objektbeziehungen. Die gegen das Selbst gerichteten aggressiv-destruktiven Impulse und Phantasien lösen im Kind intensive Vernichtungsängste aus. Um sich dagegen zu schützen, wird es seine aggressiven Tendenzen projektiv dem Objekt unterstellen. Infolgedessen muß es sich dann aber vor dieser projizierten Aggressivität fürchten und das Objekt als verfolgend erleben (paranoid). Auch die Spaltung in ein »gutes« und ein »böses« (schizoid) Objekt und die → Projektion gehören in den Bereich der paranoiden Abwehr.

Paranoid-schizoide Position
Der Begriff wurde von Melanie Klein geprägt. Die psychoanalytische Bedeutung der paranoid-schizoiden Position ist nicht gleichzusetzen mit der psychiatrischen Diagnose, in der diese Wörter enthalten sind.

Die kleinianische Psychoanalyse postuliert, daß der Säugling von Geburt an in der Lage ist, sein inneres Leben in einer gewissen Weise zu organisieren. Nach dem ursprünglichsten Zustand, der ➜ autistisch-berührenden Position, bezieht sich der Begriff der paranoid-schizoiden Position vor allem auf die Art und Weise, wie der Säugling mit seinen angeborenen destruktiven Impulsen (➜ Todestrieb) umgeht. Sie lösen spezifische frühe Vernichtungsängste aus, die das Gefühl der seelischen Unversehrtheit des Säuglings bedrohen und ihn zu überwältigen drohen. Diese Ängste sind vor allem mit der Abwesenheit des Objekts und inneren Nöten und Unbefriedigungen des Säuglings verbunden. Dagegen werden unbewußt ➜ frühe Abwehrmechanismen wie Spaltung, Idealisierung und projektive Identifizierung aufgeboten. Unerträgliche eigene Impulse oder Vorstellungen (zum Beispiel Ärger, Wut oder Aggression) werden vom Erleben abgespalten (daher der Begriff »schizoid«) und auf das Objekt projiziert (➜ Projektion). Die in das Objekt projizierten Impulse und Vorstellungen richten sich dadurch aber nun rückwirkend wieder gegen den Säugling selbst und können so verfolgenden Charakter (daher der Begriff »paranoid«) annehmen. So kann der hungrige, wütende Säugling in seinem Haß, den er in die Mutter beziehungsweise die Bezugsperson projiziert, das Objekt als angreifend und verfolgend (»böse Brust« oder »böse Mutter«) wahrnehmen. Er befürchtet, vom Objekt so gehaßt zu werden, wie er unbewußt selbst das Objekt haßt.

Die frühe Strukturierung des inneren Lebens ist also mit der Erfahrung von Zuständen von Mangel, Not und Unbefriedigung einerseits und der Erfahrung von Sättigung und Befriedigung andererseits und der damit verbundenen Anbeziehungsweise Abwesenheit des Objekts verknüpft.

Die frühe Modalität des Erlebens von Objektbeziehungen in der paranoid-schizoiden Position, welche die ersten Lebensmonate des Kindes bestimmt und die der depressiven Position vorangeht, kann auch beim Jugendlichen oder Erwachsenen und bei seelischen Erkrankungen wieder auftreten. Auch neue, destabilisierende Erfahrungen können das Individuum, das sich in einem ständigen Lern- und Entwicklungsprozeß befindet, immer wieder auf die paranoid-schizoide Position zurückwerfen. Das Wiedererreichen des depressiven Position stellt dann eine vorübergehende neue Strukturiertheit unter Einbezug des Erlernten und Erworbenen dar.

Siehe auch: Depressive Position

Parentifizierung

Ein Begriff aus der Familientherapie, der die zumeist unbewußte Erwartung und den Druck von Erwachsenen auf Kinder beschreibt, frühzeitig in einer Art Rollenumkehr beispielsweise für die Eltern oder einen Elternteil elterliche Funktionen zu übernehmen oder als Partnerersatz zu dienen (zum Beispiel bei einer Trennung der Eltern). In einem solchen Fall soll das Kind als → Selbstobjekt für den Erwachsenen fungieren.

Eine derartige Rollenzuweisung oder → Delegation kann die ungestörte Selbstentwicklung in erheblichem Maß beeinträchtigen und damit einem krankhaften seelischen Wachstum Vorschub leisten.

Partial-Objekt/Ganzes Objekt

Siehe: Objekt, partiales/ganzes

Pathologie

Ist die Wissenschaft von den Krankheiten, ihrer Entstehung, ihrer Systematik und ihren Auswirkungen; entsprechend → »Psychopathologie« die Lehre von den seelischen Erkrankungen.

Siehe auch: Nosologie

Penisneid

Ein von Sigmund Freud im Rahmen seiner von manchen als phallozentrisch bezeichneten Betrachtungsweise entwikkeltes Konzept. Danach entfalte das Mädchen oder später die Frau angesichts der Entdeckung der anatomischen Geschlechterdifferenz (im besonderen des Penis beziehungsweise der eigenen Penislosigkeit) heftige Neidgefühle. Die feministische Psychoanalyse betont demgegenüber die psychosozialen Aspekte einer eigenständigen weiblichen Geschlechtsentwicklung und betrachtet den Penisneid im Kontext der gesellschaftlichen psychosozialen Benachteiligung der Frau. Andere psychoanalytische Vorstellungen sehen den Penisneid nicht auf die weibliche Entwicklung beschränkt, sondern betrachten ihn als ein universelles Phänomen, bei dem sich der Neid, in welchem Bereich auch immer, auf die »Potenz« bezieht.

Persönlichkeit, narzißtische
So werden Personen bezeichnet, deren Hauptproblem in einer Störung ihres Selbst- und Selbstwertgefühls, verbunden mit spezifischen Störungen in ihren Objektbeziehungen, besteht. Narzißtische Persönlichkeiten sind in extremster Weise auf sich selbst bezogen, besitzen grandiose Vorstellungen von der eigenen Bedeutung, Größe und den eigenen Fähigkeiten und gieren geradezu nach Bewunderung und Anerkennung. Die massive Störung ihrer Selbstwertregulation führt zu spezifischen Störungen in ihren Objektbeziehungen, denn sie sind fast nicht in der Lage, sich in andere einzufühlen, Interesse für sie zu entwickeln und tiefere Beziehungen zu ihnen einzugehen.

Oft suchen sie psychotherapeutische Behandlung, weil sie sich leer fühlen, rastlos sind oder unter Langeweile leiden, häufig auch wegen Depressionen, hinter denen sich Wut, Empörung und Ressentiment verbergen, die entstehen, wenn sie eine Quelle ihrer Selbstbestätigung verloren haben oder weil sie tief innerlich unter starken Unsicherheits- und Minderwertigkeitsgefühlen leiden.

Narzißtische Störungen stehen ursächlich im Zusammenhang mit früh verinnerlichten bedrohlichen oder unberechenbaren Objektbeziehungen, die es den Betreffenden nie möglich gemacht haben, sich auf gute innere Objekte zu verlassen.

Überlegungen der kleinianischen psychoanalytischen Schule gehen dahin, daß sich die narzißtische Pathologie (Selbstidealisierung, Omnipotenzphantasien) auch zur Abwehr des Todestriebes organisiert.
Siehe auch: Narzißmus

Persönlichkeitsstörung, narzißtische
Siehe: Persönlichkeit, narzißtische

Perversion
Eine Form sexueller Befriedigung, die sich entweder in der Wahl des Sexualobjekts oder des Ziels von gewöhnlichem heterosexuellen Verkehr unterscheidet. Dazu zählen: Homosexualität, Exhibitionismus, Voyeurismus, Sadismus, Sadomasochismus, gewisse masturbatorische Praktiken, Fetischismus, Transvestismus.

Sigmund Freud postulierte, daß die entwicklungsmäßigen Wurzeln der Perversion in kindlichen Triebkonstellationen und Phantasien zu finden sind. Er nannte die sexuelle Konstitution von Kindern polymorph pervers, da Triebe in der Kindheit an verschiedene erogene Zonen gebunden sind und noch nicht unter dem Primat der Genitalität verbunden und organisiert sind. Perverse Handlungen können strukturierende Funktionen haben, indem sie zum Beispiel Entlastungen von Trennungsängsten, aggressiven Impulsen oder Verschmelzungsängsten anbieten. Der allgemeine Sprachgebrauch des Wortes »pervers« ist häufig abwertend und verurteilend.

Phallisch
Dieses Adjektiv wird verwandt, um Phänomene zu charakterisieren, bei denen die Männlichkeit beziehungsweise der Phallus von grundlegender Bedeutung sind. Zum Beispiel ist die »phallische Frau« oder Mutter in der Phantasie mit einem Penis versehen, was sowohl angstmindernd als auch angstverstärkend erlebt werden kann. Die Entwicklung derartiger Konzepte ist natürlich nicht unabhängig von spezifischen historischen gesellschaftlichen und kulturellen Verhältnissen, beispielsweise dem Vorherrschen patriar-

chaler Vorstellungen (siehe auch: Phallozentrisch). In der phallischen Entwicklungsstufe (parallel zur ödipalen Phase ab dem 3./4. Lebensjahr) steht die innere Auseinandersetzung mit dem Phallus im Vordergrund. Ein phallischer Charakter bleibt an diese normale Entwicklungsstufe fixiert und muß sich in zwanghafter Weise in verschiedenster Form immer wieder seiner für ihn unbewußt fraglichen Männlichkeit versichern (zum Beispiel durch Don-Juanismus).

Phallozentrisch
Von Ernest Jones eingeführter Begriff, der die Kritik an einer Überbetonung des Penis beziehungsweise Phallus in der klassischen psychoanalytischen Sichtweise aufgreift. Die Entwicklung phallozentrischer Vorstellungen kann auch als Abwehr gegen Gefühle und Ängste männlichen Unterlegenseins – und zwar sowohl bei Männern wie bei Frauen – verstanden werden.

Eine rein männlich-orientierte Perspektive kann einer eigenständigen Betrachtung der Entwicklung weiblicher Geschlechtsidentität nicht gerecht werden.

Phallus
Symbolische Bezeichnung für den Penis.

Phantasie, unbewußte
Psychoanalytische Erkenntnisse schreiben dem Unbewußten eine zentrale Rolle innerhalb der psychischen Prozesse zu. Ohne seine Mitwirkung findet keine psychische Tätigkeit statt. Die primären angeborenen Aktivitäten des Unbewußten erfahren im Lauf der Entwicklung viele Veränderungen in der Art, wie sie Einfluß auf Erleben und Verhalten ausüben. Sigmund Freud setzte unbewußte Phantasien Tagträumen gleich und sah in der Wunscherfüllung deren wesentliches Ziel.

Die psychoanalytische Schule Melanie Kleins erweiterte dieses Konzept. Die unbewußten Phantasien werden hier als psychischer Niederschlag körperlicher, seelischer, vor allem triebhafter Erfahrungen von Lebensbeginn an verstanden. Auf diese Weise bilden sich Phantasien über Objektbeziehungen. Sie dienen dann der Strukturierung, Verarbeitung und Einordnung im weitesten Sinne und der Interpretation solcher Erfahrungen. So kann zum Beispiel ein starkes Hungergefühl (Trieberfahrung) beim Säugling eine unbewußte Phantasie über ein böses Objekt in seinem Magen verursachen.

Phobie
Im Gegensatz zum diffusen und ungerichteten Bedrohungserleben bei der Angstneurose bezieht sich die Angst bei den Phobien auf bestimmte Objekte oder Situationen, die deswegen gemieden werden. Bei der Klaustrophobie beziehungsweise der Agoraphobie werden beispielsweise geschlossene beziehungsweise weite Räume als so bedrohlich erlebt, daß die Bewegungsfreiheit des Betroffenen massiv beeinträchtigt wird. Phobien können sich unter anderem auf Tiere, Orte (Höhen), Krankheiten (➔ Hypochondrie) oder zwischenmenschliche Situationen (soziale Phobie) beziehen, wobei die Objektwahl bisweilen sehr zufällig erscheint. Da phobische Symptome häufig symbolischer Ausdruck eines unbewußten, komplexen Konfliktgeschehens sind und als ein Kompromiß zwischen unerträglichen aggressiven oder sexuellen Impulsen und Abwehrbewegungen dagegen betrachtet werden, die das Selbst schützen sollen, ist zu bezweifeln, daß – wie oft von nichtpsychoanalytischen Therapeuten angenommen – eine ausschließliche Symptombehandlung ein hinreichendes, umfassend und langfristig wirksames psychotherapeutisches Vorgehen bedeuten kann. Phobische Phänomene können auch bei Krankheitsbildern wie der narzißtischen Persönlichkeitsstörung, der Borderline-Persönlichkeitsorganisation oder der Schizophrenie auftreten.
Siehe auch: Hysterie

Position
Melanie Klein hat den Begriff »Position« gewählt, statt von Entwicklungsphasen (oral, anal, phallisch, genital) zu sprechen, um zu unterstreichen, daß diese Erlebnisweisen nicht

als ein fester Erwerb an bestimmte Entwicklungsstadien geknüpft, sondern auf allen nachfolgenden Entwicklungsniveaus wirksam sind. In einer gesunden psychischen Dynamik findet ein ständiges Ringen zwischen den beiden Positionen, der ➜ paranoid-schizoiden Position und ➜ depressiven Position statt, die der ➜ autistisch-berührenden Position folgen.

Potentieller Raum
Siehe: Möglichkeitsraum

Präödipalität
Die »klassische« ödipale Konstellation bezieht sich auf die konflikthafte Dreiecksbeziehung zwischen Vater, Mutter und Kind etwa ab dem dritten Lebensjahr. Mit Präödipalität wird der Entwicklungsbereich vor dieser Zeit, also die ersten zwei bis drei Lebensjahre, bezeichnet. Dieser Entwicklungszeitraum ist im Lauf der Wissenschaftsgeschichte der Psychoanalyse immer mehr in den Mittelpunkt des Interesses, des Forschens und Denkens von Psychoanalytikern gerückt. Die kleinianischen Psychoanalytiker gehen von einer frühen, von Lebensbeginn an wirksamen Triangulierung aus. Ihre Annahmen über Frühstadien des Ödipuskomplexes stellen zudem die Bedeutung der historisch strikten Unterscheidung zwischen »Ödipalität« und »Präödipalität« in Frage.
Siehe auch: Triangulierung; Ödipuskomplex, früher oder prägenitaler

Primäre Mütterlichkeit
Siehe: Mütterlichkeit, primäre

Primäre Objektliebe
Siehe: Objektliebe, primäre

Primäres Objekt
Siehe: Objekt, primäres

Primärprozeß
Eine Form der psychischen Dynamik, die zum Beispiel das Erleben des Säuglings oder des Träumers vorherrschend bestimmt. Im Lauf der Zeit entfaltet sich sich mit der Reifung des Bewußtseins zunehmend der »Sekundärprozeß«. Während primärprozeßhaftes Denken typisch für die unbewußten psychischen Aktivitäten ist, handelt es sich bei sekundärprozeßhaftem Denken eher um eine Eigenschaft des Bewußtseins.

Das primärprozeßhafte Denken weist spezifische Merkmale auf: Es ignoriert die Orientierung in Raum und Zeit, zum Beispiel erfahren seelische Vorgänge mit verstreichender Zeit keine Veränderung, und widersprüchliche Inhalte können ohne weiteres nebeneinander bestehen. Die psychischen Abläufe sind dem Lustprinzip unterworfen, und das Ich sucht Entlastung durch halluzinatorische Wunscherfüllung. Dabei wird das Realitätsprinzip ignoriert. Entsprechende psychische Mechanismen sind Verdichtung oder Verschiebung, Verkehrung ins Gegenteil und anderes mehr.

Probehandeln
Durch die Entwicklung symbolischer Fähigkeiten wie Sprechen und Denken kann im Entwicklungsverlauf die ursprüngliche, allein verfügbare Körper- und Handlungssprache des Kleinkindes immer mehr und immer öfter durch Probehandeln (Sprechen, Gedankenspiele, Spielen und ähnliches mehr) ersetzt werden.
  Siehe auch: Agieren

Progression
Darunter wird eine vorwärtsgerichtete Entwicklung verstanden, das Gegenteil von → Regression.

Projektion
Bei der Projektion schreibt das Subjekt dem Objekt unbewußt eigene Affekte und Impulse, Qualitäten und Wünsche und andere Anteile des eigenen Selbst zu. Dabei ist der Projizierende fest davon überzeugt, daß der Interaktionspartner genau so ist, wie er ihn projektiv wahrnimmt. Die Pro-

jektion kann zum Beispiel dem Vermeiden von Angst oder dem Aufrechterhalten des Selbstbildes oder Selbstgefühls dienen: Nicht das Subjekt hat ausbeuterische oder manipulative Absichten, sondern das Objekt, das andere Geschlecht, das Unternehmen, die Gesellschaft und so weiter. Wenn auf diesem Wege das Objekt für das Selbst bedrohliche Züge annimmt, dann können sich daraus rückwirkend im Subjekt paranoide Ängste entwickeln. Das Subjekt kann sich nun vom Objekt verfolgt fühlen, das die erschreckenden, ihm vom Subjekt zugeschriebenen Merkmale »angenommen« hat.

Ein Überwiegen von Projektionsmechanismen und eine Fixierung an sie sind kennzeichnend für paranoide Persönlichkeitsstrukturen, die ihre eigenen Wünsche, Gedanken und Neigungen ihrer Umgebung, zum Beispiel ihren Feinden, zuschreiben (Externalisierung nach dem analen Modus der Ausstoßung). Auf diese Weise entsteht auch der Verfolgungswahn, der nach diesem Modell Ausdruck der eigenen aggressiven, destruktiven Tendenzen ist. Dabei erlebt sich der Angreifer als Opfer, das dann berechtigt nach Rache streben kann und darf.

In einer Großgruppe oder Masse ist die Projektion ein Mechanismus, der leicht und häufig die Wahrnehmung und das Verhalten der Gruppe bestimmt und so zum Beispiel zu einer Massenaggression gegenüber einem Sündenbock führen kann.

Projektive Identifizierung
Die projektive Identifizierung wird in der aktuellen Psychoanalyse als die ursprünglichste Form der menschlichen Kommunikation betrachtet. Die frühe Beziehung zwischen Mutter und Säugling ist fast ausschließlich durch eine körperliche, vorsprachliche Interaktion geprägt. Der Säugling agiert und reagiert mit psychomotorischen Signalen, welche die Mutter aufmerksam verfolgt (→ Empathie), um die Bedürfnisse und Nöte ihres Babys zu interpretieren und ihnen einen psychischen und kommunikativen Sinn zu verleihen. Damit entwickelt sich ein früher präverbaler Dialog zwischen den beiden. Wenn beispielsweise das Baby weint,

gibt es seine unangenehmen Zustände und Emotionen an die Mutter weiter (projektiv), die diese aufgrund ihres emotionalen und kognitiven Verstehens (identifikatorisch) zu lindern versucht.

Diese frühe Form der Kommunikation bildet nun gleichzeitig die Grundlage für eine seelische Abwehrkonstellation. In diesem frühen Dialog beginnt das Baby, unbewußt auf die Mutter Gefühle zu projizieren, und übt in dieser Weise Druck auf sie aus, um von seinen Nöten befreit zu werden. Die Mutter (oder ein anderes Objekt) fühlt sich unbewußt gedrängt, sich gemäß den induzierten Erwartungen zu verhalten, sich mit dem zu identifizieren, was auf sie (bzw. es) projiziert wird. Dadurch findet auch eine Form unbewußter Kontrollausübung über das Objekt statt. Der Säugling beginnt, unbewußt seine psychischen Zustände zu benutzen, um die Mutter zu einem bestimmten Verhalten zu bewegen. Dies ist zum Beispiel der Fall, wenn ein Kind, das die Mutter für eine Weile entbehren mußte, diese bei ihrer Rückkehr nicht anschaut (was die Mutter als »Bestrafung« erleben kann), dadurch Schuldgefühle bekommt und dieses Verhalten nicht wiederholt. So kann die projektive Identifikation einer unbewußten Manipulation des Objekts dienen, indem ein unwiderstehlicher unbewußter, nonverbaler emotionaler Druck auf das Objekt ausgeübt wird.

Auch in der Übertragungs-Gegenübertragungssituation zwischen Patient und Analytiker wird der Mechanismus der projektiven Identifizierung wirksam, besonders wenn es sich um die nonverbale Mitteilung von schwer zu ertragenden seelischen Inhalten oder von überwältigenden Erlebnissen handelt, die noch nicht in Worte zu fassen sind. Das zeigt sich zum Beispiel darin, daß ein Analysand seine Wut gegenüber seinem quälenden Vater noch nicht bei sich selbst wahrnehmen kann, aber statt dessen der Analytiker eine starke Wut gegenüber dem Vater des Patienten verspürt; oder darin, daß ein Analytiker sich unerklärlich gehemmt fühlt, seinem Patienten eine bestimmte Deutung zu geben.

Bei psychotischen Erkrankungen treten sehr häufig massive projektive Identizifierungsprozesse auf. Infolge der Intensität dieser Prozesse stellt die Behandlung eines psychotisch erkrankten Patienten hohe Anforderungen an einen erfahrenen Psychoanalytiker.

Psychiatrie
Psychiatrie ist das ärztliche Spezialgebiet, das sich heute mit der Diagnostik, der wissenschaftlichen Erforschung und der Behandlung seelischer Erkrankungen vor allem auf der biologisch-medikamentösen Ebene befaßt. Die Sozialpsychiatrie untersucht den Einfluß psychosozialer Faktoren auf die Entwicklung und den Verlauf psychischer Krankheiten, und die gemeindenahe Psychiatrie bemüht sich um eine Entghettoisierung und Enthospitalisierung von seelisch Erkrankten aus Anstalten und Landeskrankenhäusern.
   Siehe auch: Psychologie; Psychosomatik; Psychotherapie

Psychische Determiniertheit
Siehe: Determiniertheit, psychische

Psychischer Apparat
Siehe: Apparat, psychischer

Psychoanalytische Gruppenpsychotherapie
Siehe: Gruppenpsychotherapie, psychoanalytische

Psychoanalytische Spieltechnik
Siehe: Spieltechnik, psychoanalytische

Psychologie
Psychologie ist die Wissenschaft und Lehre von den seelischen Lebensvorgängen und umfaßt insbesondere die Untersuchung und Erforschung des menschlichen Seelenlebens, des Verhaltens und Erlebens, des Umgehens mit sich selbst und anderen und den Dingen und Geschehnissen der Mitwelt. Der Abschluß eines Psychologiestudiums in Deutschland führt zur gesetzlich geschützten Bezeichnung Diplompsychologe. Das Psychologiediplom ist neben dem Abschluß eines Medizinstudiums eine der möglichen Voraussetzungen für eine psychoanalytische Ausbildung. Seit dem 1.1.1999 ist

der »Psychologische Psychotherapeut« in Deutschland ein staatlich anerkannter Heilberuf und diese Berufsbezeichnung gesetzlich geschützt.

Siehe auch: Psychiatrie; Psychosomatik; Psychotherapie

Psychopathologie
Die Wissenschaft und Lehre von den seelischen Krankheiten, ihrer Entstehung, ihrer Systematik und ihrer Auswirkungen.

Siehe auch: Nosologie

Psychose
Unter dem Begriff Psychose werden eine Reihe von verschiedenen schweren seelischen Krankheitsbildern zusammengefaßt. Sie zeichnen sich durch einen hohen Grad von Verzerrungen im Fühlen, im Wahrnehmen, im Denken, im Umgang mit dem eigenen Selbst und den Objekten und der Auseinandersetzung mit der Realität aus. Dabei kommt es zu starken Regressionen im Ich bis zu Auflösungen der Persönlichkeit. Während die traditionelle Psychiatrie, die empirische Psychologie, aber auch manche psychoanalytische Autoren von einer organischen (biochemischen, neurophysiologischen oder hirnanatomischen) Verursachung der Psychose ausgehen, hebt vor allem die Objektbeziehungs-Psychologie die (frühen) Störungen im Selbsterleben und den Objektbeziehungen als verursachend hervor. Die psychotischen Erkrankungen werden wohl durch ein Zusammenwirken genetisch bedingter Dispositionen, körperlicher Faktoren und psychosozialer Bedingungen im Sinne einer »Ergänzungsreihe« hervorgerufen. Dabei wird angenommen, daß Psychosen durch frühe Störungen in den Objektbeziehungen verursacht werden und entsprechende frühe Fixierungen vorliegen.

Für die Klassifikation der Psychosen wurden eine Vielzahl von Ordnungskategorien vorgeschlagen. Auch bei der Schizophrenie als einer ersten Unterkategorie der Psychosen handelt es sich nicht um ein einheitliches Krankheitsbild. Die Hauptgruppe der schizophren Erkrankten weist unter anderem folgende Symptome auf: Denkstörungen, bizarres Denken, inadäquate labile und intensive affektive Reaktionen, Störungen der Wahrnehmung, Nichtbeachtung des Realitätsprinzips, Schwierigkeit der Abgrenzung zwischen Selbst und Objekt mit daraus folgenden Kommunikationsproblemen, emotionaler und sozialer Rückzug, hypochondrische Gedanken und anderes mehr. In den Bereich der Schizophrenie werden auch die Wahnerkrankung der Paranoia und die schizoaffektiven Psychosen eingeordnet.

Zu den affektiven Psychosen werden die depressiven Psychosen, die Manien und die manisch-depressive Psychose gerechnet. Manche Klassifikationen geben noch eine Kategorie der psychogenen Psychosen im Gegensatz zur organischen Psychose an.

Die anfängliche Einschätzung der Psychoanalytiker, psychotische Erkrankungen seien für eine psychoanalytische Behandlung nicht zugänglich, weil sich zum Beispiel aufgrund der frühen Störung keine Übertragung entwickeln könne, hat sich im Lauf der Zeit geändert. Dazu beigetragen haben die Forschungen über die frühen Interaktionsprozesse und unter anderem die Bedeutung des Mechanismus der projektiven Identifizierung. In aktuellen Überlegungen wird davon ausgegangen, daß psychotische Phänomene auch Teil der Psychopathologie der Neurosen sein können und sogar in der normalen Entwicklung auftreten können.

In der gegenwärtigen klinischen Praxis liegen verschiedene Modelle für die Behandlung von psychotisch Erkrankten vor, wobei psychoanalytische Vorstellungen durchaus parallel mit medikamentösen Ansätzen genutzt werden können.

Psychosexualität
Seit Sigmund Freud gebraucht die Psychoanalyse den Begriff Sexualität in weit umfassenderem Sinn als die Alltagssprache, die ihn in der Regel auf die »Genitalität« reduziert. Deshalb spricht die Psychoanalyse eher von Psychosexualität und bezieht damit die seelische Dimension ausdrücklich in das Verständnis ein. Dadurch rückt der psychoanalytische Begriff der Sexualität in die Nähe des deutschen Wortes »Liebe«.

Psychosexuelle Entwicklung
Siehe: Entwicklung, psychosexuelle

Psychosomatik
Psychosomatik ist die Wissenschaft und Lehre von den Wechselbeziehungen psychosozialer und körperlicher Vorgänge für die Gesundheit und die Erkrankungen des Menschen und die Anwendung der Ergebnisse für die Heilkunde. Viele körperliche Erkrankungen haben zumindest seelische Mitverursachungen, alle somatischen Krankheiten haben unvermeidlich auch seelische Auswirkungen.
Siehe auch: Psychiatrie; Psychologie; Psychotherapie

Psychosomatische Grundversorgung
Hierbei handelt es sich um einen Begriff aus den Psychotherapie-Richtlinien, welche die kassenärztliche Versorgung mit Psychotherapie in Deutschland regeln.
Damit werden alle Handlungen eines Arztes bezeichnet, die neben der somatischen Perspektive auch psychische Dimensionen eines Krankheitsgeschehens berücksichtigen. Die Befähigung dazu können Ärzte in speziellen Weiterbildungsveranstaltungen erwerben. Zur psychosomatischen Grundversorgung zählen unter anderem eine differentialdiagnostische Abklärung des Krankheitsbildes, psychotherapienahe Interventionen, die Indikationsstellung für eine Psychotherapie oder die Motivationsarbeit zur psychotherapeutischen Weiterbehandlung, aber auch die sogenannten »übenden« Verfahren (Entspannungstherapien).

Psychotherapie
Psychotherapie ist die wissenschaftlich begründete Behandlung seelischer Erkrankungen mit den verschiedensten psychotherapeutischen Methoden. Psychoanalyse ist eine Form der Psychotherapie.
Psychotherapie wird in Deutschland fast ausschließlich von Diplompsychologen und Ärzten mit einer längeren psychotherapeutischen Zusatzausbildung ausgeübt. Die Ausbildung konnte zu bestimmten Zeiten auch von anderen Berufsgruppen absolviert werden, so daß beispielsweise

unter den Psychoanalytikern auch einige andere Grundberufe (zum Beispiel Theologen, Soziologen u. a.) vertreten sind. Kinder- und Jugendlichenpsychotherapeuten können außer Diplompsychologen beispielsweise auch Pädagogen sein.

Siehe auch: Psychiatrie; Psychologie; Psychosomatik

Psychotherapie, analytische
Hierbei handelt es sich um einen Begriff aus den Psychotherapie-Richtlinien, welche die kassenärztliche Versorgung mit Psychotherapie in Deutschland regeln.

Analytische Psychotherapie (AP) ist eine Anwendungsform der Psychoanalyse mit eigenen Zielkriterien, wie Bewußtmachung einer unbewußten neurotischen Psychodynamik und Integration »abgespaltener« Persönlichkeitsanteile zur Beseitigung oder Veränderung intrapsychischer und interpersonaler Konfliktfelder, so daß als Folge eine Strukturveränderung stattfinden kann. Bei der Indikationsstellung für eine AP muß also neben dem neurotischen Konfliktstoff die zugrundeliegende neurotische Struktur des Patienten sichtbar werden. Die Behandlung erfolgt bei der AP unter Nutzung und Deutung des Übertragungs- und Gegenübertragungsgeschehens, der Interpretation und verstehenden Begleitung regressiver Prozesse und der analytischen Bearbeitung von Widerstandsphänomenen. Insofern ist die psychoanalytische Ausbildung die bestmögliche Voraussetzung zur Durchführung der AP. Die AP kann als Einzelpsychotherapie oder als Gruppenverfahren durchgeführt werden.

Psychotherapie, tiefenpsychologisch fundierte
Hierbei handelt es sich um einen Begriff aus den Psychotherapie-Richtlinien, welche die kassenärztliche Versorgung mit Psychotherapie in Deutschland regeln.

Die tiefenpsychologisch fundierte Psychotherapie (TFP) ist ein psychoanalytisch begründetes Verfahren, was bedeutet, daß die unbewußte Psychodynamik einer neurotischen Erkrankung zum Gegenstand der Behandlung gemacht wird. Die TFP setzt die Grundannahmen der Neurosenlehre der Psychoanalyse wie Existenz und Wirkungsweise des

Unbewußten und die Forschungsergebnisse der Psychoanalyse über intrapsychische und interpersonale Prozesse voraus. Aus diesem Grund ist eine psychoanalytische Ausbildung die beste Voraussetzung für das Durchführen einer TFP. Allerdings erfolgt die Anwendung dieser Kenntnisse durch eine konfliktzentrierte Vorgehenswiese, das heißt, nur wenn ein aktueller neurotischer Konflikt mit einer entsprechenden Symptomatik abgegrenzt werden kann, ist das Verfahren indiziert. Das psychotherapeutische Vorgehen beschränkt sich auf die Bearbeitung dieser Konflikte unter zurückhaltender Nutzung von Übertragungs- und Gegenübertragungsprozessen, der Widerstandsbearbeitung und einer Begrenzung regressiver Tendenzen.

Die TFP kann als Einzelpsychotherapie oder als Gruppenpsychotherapie durchgeführt werden. Sonderformen der TFP sind die → Kurzpsychotherapie, die → Fokaltherapie, die dynamische Psychotherapie und die niederfrequente Psychotherapie in einer längerfristigen, Halt gewährenden therapeutischen Beziehung.

Pubertät
Die Entwicklungsphase zwischen dem 11./12. und 13./14. Lebensjahr, in der es körperlich zur Ausbildung der sekundären Geschlechtsmerkmale kommt und die auch seelisch zur Geschlechtsreife führt. Die Pubertät geht fließend in die Adoleszenz über.

Rahmen der Behandlung
Zum psychotherapeutischen Behandlungsrahmen gehören alle äußeren Gegebenheiten und Vereinbarungen, also die Indikationsstellung, der Raum, die Dauer und Frequenz, die Finanzierung, das Kassenverfahren, die Grundregel und das Setting.

Ein fester und stabiler Rahmen sichert den therapeutischen Raum für all die Ängste und Irritationen, die mit dem Auftauchen von vormals unbewußtem Material verbunden sind. Die durch den Rahmen vorgegebene Struktur ist eine wichtige Hilfe gerade auch für Patienten, deren Problem in ihrer Strukturlosigkeit (→ Störung, strukturelle) oder in einer durch traumatische Grenzverletzungen beeinträchtigten Regulationsfähigkeit liegt (zum Beispiel bei der ➔ Borderline-Persönlichkeitsorganisation). Manche Psychoanalytiker halten einen festen und unveränderlichen Rahmen für hilfreich, andere versprechen sich von einer vom Therapieverlauf abhängenden flexiblen Handhabung der Rahmenbedingungen positive Auswirkungen auf Behandlungsprozeß.

Rationalisierung

Unbewußter Abwehrvorgang, bei dem das Subjekt sich bemüht, zum Beispiel ein Verhalten, einen Gedanken, einen Impuls oder ein Gefühl, dessen wirkliche Motivierung es nicht erkennt oder nicht erkennen will, durch eine andere, vernünftige, bewußte (»rationale«) Erklärung zu begründen oder zu rechtfertigen. Die Rationalisierung ist zu unterscheiden von der ➔ Intellektualisierung, bei welcher der nicht akzeptierte Inhalt bewußt bleibt, jedoch seiner affektiven Bedeutung entledigt wird.

Reaktionsbildung

Die Reaktionsbildung ist ein unbewußter Abwehrmechanismus, mit dem ein nicht annehmbarer Impuls durch übermäßige Besetzung der gegenteiligen Tendenz verdrängt wird. Ein Beispiel wäre, daß jemand eine übertriebene Höflichkeit an den Tag legt, statt seinen aggressiven Impulsen Raum zu geben.
  Siehe auch: Verkehrung ins Gegenteil

Realitäts- vs. Lustprinzip

Diese beiden seelischen Regulationsprinzipien haben entscheidenden Einfluß auf das psychische Geschehen. Ein besonderes Ziel aller psychischen Aktivität besteht darin, Unlust zu vermeiden und Lust zu schaffen. Das Lustprinzip zeigt sich besonders wirksam im Traum und in der Phantasie. Es wird durch das Realitätsprinzip modifiziert: In dem Maß, in dem es dem Realitätsprinzip gelingt, sich als Regulativ durchzusetzen, geht die Suche nach Befriedigung nicht mehr auf dem kürzesten möglichen Weg vor sich. Das Subjekt ist nun auch in der Lage Aufschub zu ertragen zum

→ Probehandeln, Umwege einzuschlagen und das Triebziel entsprechend den durch die Außenwelt auferlegten Bedingungen zu verschieben und Verzicht zu leisten.

Siehe auch: Lustprinzip; Nirwanaprinzip

Realitätsprüfung
Ein seelischer Vorgang, der es dem Subjekt ermöglicht, zwischen innerer und äußerer Realität zu unterscheiden. Die Realitätsprüfung erlaubt eine Orientierung in der Wirklichkeit, die allerdings nie ganz als objektive Realität faßbar sein kann.

Wir nehmen die Wirklichkeit immer nur als subjektive Konstruktion über die Realität wahr, wobei wir darüber aber auch mit anderen Übereinstimmungen erzielen können. Das wird dann »konsensuelle Wahrheit« oder »Wirklichkeit« genannt.

Wahnvorstellungen und Halluzinationen, wie sie zum Beispiel bei → Psychosen vorkommen, weisen darauf hin, daß die Fähigkeit zu Realitätsprüfung gestört ist.

Regression
Unter Regression versteht man eine kurzfristige oder längere unbewußte Rückkehr zu einem früheren Niveau psychischen Geschehens. Die Regression kann die Entwicklungsstufen, die Ich-Funktionen oder zum Beispiel die Form der Objektbeziehungen betreffen. Regressive Prozesse spielen beispielsweise beim Traumvorgang eine Rolle, in dem die seelischen Prozesse nicht in reiferen, abstrakten Wortvorstellungen wie beim Denken ablaufen, sondern überwiegend in bildhafter Form. Als Abwehrprozeß kann eine Regression dazu dienen, Angst oder Schmerz zu vermeiden oder auszuschalten. Seelische Herausforderungen, die mit dem Erreichen von neuen Entwicklungsniveaus verbunden sind oder eine Reaktion auf Affektüberwältigungen durch äußeren beziehungsweise inneren Druck darstellen, können insofern mit regressiven Erscheinungen verbunden sein, als zunächst auf altbewährte seelische Bewältigungsinstrumente zurückgegriffen wird.

Schließlich finden auch »Regressionen im Dienste des

Ich« (Ernst Kris) statt. Eine teilweise und zeitlich begrenzte Regression ist zum Beispiel Bestandteil von kreativen oder auch therapeutischen Prozessen. Regressionsprozesse sind ebenfalls Teil religiöser oder künstlerischer Erfahrungen. Bei Massenphänomenen findet unter anderem eine massive Regression zum kindlichen Glauben an die Allmacht eines Führers statt.

Die entgegensetzte Entwicklung wird als Progression bezeichnet.

Reinszenierung
Seelische Erkrankungen sind die Folge einzelner traumatischer oder chronischer ungelöster Beziehungskonflikte, die als Szene verinnerlicht worden sind. Die unbewältigten Beziehungskonflikte drängen aufgrund ihres unbewußten Auftriebs im Wiederholungszwang zu einer Aufhebung der Verdrängung und einer Wiederkehr des Verdrängten. Das unbewußte Wieder-in-Szene-Setzen unbearbeiteter Beziehungskonflikte, wobei auch die Übertragung eine bedeutsame Rolle spielt, kann in jeder zwischenmenschlichen Beziehung geschehen, wird aber durch die psychoanalytische Situation in besonderer Weise angeregt und therapeutisch genutzt.

Rekonstruktion
Da sich die Konstruktionen in einer psychoanalytischen Behandlung auf lebensgeschichtliche Erfahrungen beziehen, wird gleichsinnig auch der Begriff »Re-Konstruktion« verwendet. Auch Rekonstruktionen sind keine objektiven Daten über die Vergangenheit, sondern Geschichten über die Geschichte, die für den Patienten und den Psychoanalytiker ein stimmiges Neuverständnis aufweisen.

Siehe auch: Nachträglichkeit

Religion
Das Phänomen Religion hat Sigmund Freud lebenslang beschäftigt und ihn nie zur Ruhe kommen lassen. Er hob mit seiner Religionskritik vor allem den illusionär-vertröstenden und zwanghaft einschränkenden Charakter der Religi-

on (»Religion als universelle Zwangsneurose«) hervor. Sigmund Freud war Zeit seines Lebens mit massiven antisemitischen und antipsychoanalytischen Äußerungen vor allem katholischer Kirchenvertreter in Österreich und Deutschland konfrontiert.

Die heutige Auseinandersetzung zwischen Psychoanalyse und Religion – sofern sie denn stattfindet – beschäftigt sich zum Beispiel mit anthropologischen Grundfragen (beispielsweise Angst, Krankheit), der möglicherweise hilfreichen Funktion von Illusionen und Mythen für die Realitätsbewältigung, ethischen Fragestellungen (Schuld) oder der Bedeutung von Symbolen und Ritualen. Durch die Objektbeziehungstheorie der Psychoanalyse wurden Fragen nach den Zusammenhängen zwischen Glauben, Glaubensinhalten und verinnerlichten Objektbeziehungen vertieft aufgeworfen.

Repräsentanz
Mit Repräsentanz werden die seelischen Spuren und Niederschläge der Wahrnehmungen von Selbst (→ Selbst-Repräsentanz) und Objekten (→ Objekt-Repräsentanz) und deren Interaktionen bezeichnet. In der Regel werden ganze »Szenen« verinnerlicht, welche Bilder vom Selbst, vom Objekt, von den Umständen und den dazugehörigen Affekten umfassen.

Ressentiment
Dabei handelt es sich um einen Affekt der Bitterkeit und des Grolls, der aus einem gekränkten Ehrgefühl und einem verletzten Gerechtigkeitsempfinden stammt. Das Ressentiment ist die mögliche Folge einer narzißtischen Kränkung und einer Verletzung des Schamgefühls. Die unauslöschliche und insofern immer wieder neubelebte Erinnerung (Ressentiment; Wiederempfinden) an diese Kränkung führt zum unaufhörlichen Versuch, diese zu beseitigen und die narzißtische Integrität wiederherzustellen. Die Erfahrung des erlittenen Unrechts und der Macht- und Hilflosigkeit führt zu einem Rachebedürfnis, das in der Verkleidung von Moral und Gerechtigkeit, wie bei Heinrich von Kleists

»Michael Kohlhaas«, sogar in einen selbstzerstörerischen moralischen Fanatismus münden kann.

Ressourcen

Darunter versteht man allgemein die grundsätzlich vorhandenen, aber möglicherweise durch die seelische Erkrankung eingeschränkten oder nicht realisierbaren Potentiale, Initiativkräfte und Fähigkeiten eines Individuums. Spezieller werden darunter die selbsterhaltenden und selbstheilenden Kräfte des Patienten gefaßt.

Ein Psychoanalytiker ist insofern an einem Ressourcenmodell orientiert, als er sich als hilfreicher Begleiter im Selbstheilungs- und Selbstentwicklungsprozeß des Patienten versteht. Auch wenn der Blick eines Psychoanalytikers im Sinne eines Defizit- oder Defektmodells primär auf die Störung, den Mangel oder das Unvermögen gerichtet sein mag, bleiben dabei die Ressourcen und Entwicklungsmöglichkeiten des Patienten nicht unberücksichtigt. Es geht um den Respekt und die Achtung vor den Gesundungs- und Selbstheilungstendenzen des Patienten, ohne dabei die krankhaften Formen des Wiederholungszwangs zu verleugnen oder zu vernachlässigen.

Reverie

Dieser Begriff von Wilfred Bion versucht die besondere ruhige Bereitschaft einer Mutter zu erfassen, nicht erträgliche oder nicht zu verarbeitende Gefühle ihres Kindes vorübergehend in sich aufzunehmen und darüber zu reflektieren (➔ Container). Die Reverie umfaßt also das Vermögen der Mutter, ihr Kind mit Liebe und Verständnis zu versorgen. Ins Deutsche wurde dieser Begriff mit »träumerische Einfühlung«, »stillendes Verstehen«, »träumerisches Ahnungsvermögen« oder »träumerische Gelöstheit« übersetzt. Psychoanalytischen Überlegungen zufolge hat die Reverie große Bedeutung für die Bewußtwerdung und die Entwicklung der Denkfähigkeit des Kindes. Der Begriff wird auch verwendet, um die besondere Einfühlungshaltung des Psychoanalytikers zu kennzeichnen.

Sachvorstellung/Dingvorstellung
Sachvorstellungen/Dingvorstellungen leiten sich von der Sache selbst ab und sind vorwiegend bildhafter Natur.
→ Wortvorstellungen leiten sich von Worten ab. Psychoanalytische Theorien gehen davon aus, daß die Verbindung der Sachvorstellung mit der dazugehörigen Wortvorstellung im Vorbewußten hergestellt wird, während das Unbewußte ausschließlich Sachvorstellungen enthält.

Sadismus
Der Begriff »Sadismus« wird meist mit einer pathologisch starken und mit der Sexualität verbundenen Aggression in Verbindung gebracht. Unter Sadismus wird zunächst eine sexuelle Perversion verstanden, bei der das Subjekt erotische Lust erlangt, indem es einem Sexualobjekt Schmerz zufügt.

In dem Maße, in dem der Sadismus aber auch als Teil der normalen Entwicklung betrachtet wurde, verlor der Begriff allmählich seine pathologische Konnotation. In der Psychoanalyse spricht man von oralem (die Lust des Säuglings zu beißen) und analem Sadismus (Grausamkeit des Kindes in der analen Phase) als Phasen in der psychosexuellen Entwicklung. Die psychoanalytische Schule von Melanie Klein behauptet, daß Grausamkeit Bestandteil der elementaren Triebausstattung des Menschen ist.

Sadomasochismus
Dieser Begriff zielt auf ein Zusammenwirken sadistischer und masochistischer Strömungen in der psychosexuellen Entwicklung ab. Er wird auch in einem weiteren Sinne verwendet, in Zusammenhang mit verschiedenen Beziehungsformen, in denen eine Befriedigung oder Konfliktbewältigung durch Verhaltensweisen wie Quälen, Hänseln oder passives Erdulden gesucht wird. Beim Sadomasochismus sind Opfer und Täter häufig austauschbar, beziehungsweise es erfolgt ein Wechsel zwischen Quälen und Gequältwerden.

Scham

Scham umfaßt einen Komplex von Affekten wie Versagensgefühl, Peinlichkeit, Verlegenheit, Minderwertigkeit, Erniedrigung, Schwäche in den Augen anderer oder vor dem »inneren Auge«, dem ➔ Ich-Ideal. Mit Léon Wurmser lassen sich drei Aspekte der Scham unterscheiden: der »Schamaffekt« oder die »Schamreaktion« auf etwas bereits Geschehenes, die »Schamangst« vor etwas Zukünftigem und die »Schamhaftigkeit« als vorbeugende Einstellung. Scham ist zuvorderst kein krankhaftes Gefühl, sondern besitzt bedeutsame selbstkonstituierende, selbstregulierende, selbststabilisierende und selbstschützende Funktionen. Nach Wurmser ist Scham der narzißtische Affekt par excellence. Er bewahrt die Schamgrenzen als Voraussetzung von Intimität und schützt vor Schamlosigkeit. Scham tritt entwicklungspsychologisch betrachtet früher auf als das Schuldgefühl. Positive Gegenbegriffe zu Scham sind Selbstachtung, Stolz und gesunder Narzißmus.

Schizo-paranoide Position

Siehe: Paranoid-schizoide Position

Schuld

Die Untersuchung realer, objektiver Schuld steht nicht im Vordergrund eines psychoanalytischen Diskurses, sondern gehört eher in den Bereich von Ethik, Philosophie, Jurisprudenz und Theologie. Der Blick des Psychoanalytikers ist mehr auf das »Erleben« von Schuld gerichtet, auf bewußte und unbewußte Schuldempfindungen und »Schuldgefühle«, die sich sowohl auf die äußere wie auf die innere Wirklichkeit beziehen können. Im Vordergrund stehen das Erkennen und Anerkennen von Schuld, das »Schuldbewußtsein« (Verantwortungsübernahme) und der bewußte und unbewußte seelische Umgang mit der Schuld, die »Schuldverarbeitung«. Die Schuldempfindungen werden durch das ➔ Über-Ich beziehungsweise das ➔ Gewissen hervorgerufen.

Starke Schamgefühle oder Schamängste können einen Menschen unbewußt dazu veranlassen, den Versuch zu unternehmen, durch ein machtvolles, gewalttätiges, das heißt aber möglicherweise schuldhaftes Handeln eine Beschämung zu vermeiden oder rückgängig zu machen. Ein Beispiel wäre ein Mann, der seine Scham wegen Impotenzängsten damit zu bekämpfen versucht, daß er eine Frau vergewaltigt.

Schuldgefühl, unbewußtes
Neben der Unterscheidung zwischen Schuld und Schuldgefühl ist die Differenzierung zwischen bewußtem Schulderleben (➔ Schuld) und unbewußten Schuldgefühlen von Bedeutung. Erst eine detaillierte Analyse unbewußter Schuldgefühle vermag zwischen unbegründeten, irrational erscheinenden Schuldgefühlen und realem, angemessenen Schuldempfinden zu unterscheiden, das sich sowohl auf die äußere wie die innere Wirklichkeit beziehen kann. Dadurch wird eine bewußte Verantwortungsübernahme möglich. Irrationale Schuldgefühle, die in ungelösten Konflikten begründet sind, können erheblichen Einfluß auf das Verhalten eines Menschen haben (zum Beispiel Delinquenz, Selbstverletzungen, Selbstbestrafungstendenzen, Leiden, Mißerfolge).
Siehe auch: Strafbedürfnis

Sekundäre Bearbeitung
Siehe: Bearbeitung, sekundäre

Sekundärer Krankheitsgewinn
Siehe: Krankheitsgewinn, sekundärer

Sekundärprozeß
Eine reifere Form psychischen Funktionierens im Gegensatz zum ➔ Primärprozeß. Sekundärprozeßhaftes Verhalten äußert sich in wacher Aufmerksamkeit, in bewußtem, logischem Denken, in Urteilsvermögen und kontrolliertem Handeln. Die Sekundärvorgänge entsprechen dem Bewußtsein und dem Realitätsprinzip.
Siehe auch: Realitäts- vs. Lustprinzip

Selbst
Der Begriff des Selbst in Abgrenzung zum Ich wurde von dem Ich-Psychologen Heinz Hartmann als psychoanalytisches Konzept definiert. Unter dem Selbst wird die leib-seelische Gesamtpersönlichkeit verstanden. Das Selbst ist dann insbesondere durch die → Selbst-Psychologie in den Mittelpunkt der Betrachtung gerückt worden. Sie betrachtet das Selbst als das umfassendere Konzept und begreift das Ich als eine Gruppe von Funktionen.

Das Subjekt ist in der Lage, sich als Selbst zu erfahren, ein Selbstgefühl und ein Selbstbewußtsein zu entwickeln. Das Selbst ist darüber hinaus dazu fähig, die verschiedenen, aus Interaktionserfahrungen gewonnenen Selbstbilder (Selbst-Repräsentanzen) zu einer Identität der Person zusammenzusetzen. Das Ich, das Es und das Über-Ich lassen sich auch als Strukturen des Selbst verstehen.

Sigmund Freud und die frühe Psychoanalyse haben häufig die Begriffe Ich und Selbst gleichsinnig gebraucht.

Selbst, bipolares
In der Selbst-Psychologie charakterisiert dieses Konzept die Struktur des Selbst, bei der das Kern-Selbst sich zwischen zwei Polen erstreckt. Aus dem → Größen-Selbst erwächst der eine Pol der Grundstrebungen nach Selbstbehauptung, Selbstachtung, Freude an der eigenen Aktivität, Macht und Erfolg. Aus den idealisierten Eltern-Imagines bildet sich der andere Pol der Werte, Ideale und Zielvorstellungen (→ Elternimago, idealisierte). Zwischen den Polen Ehrgeiz und Idealvorstellungen entfaltet sich der Zwischenbereich von Begabungen und Fertigkeiten.

Selbst, Falsches
Unter dem »Falschen Selbst« versteht die Psychoanalyse im Anschluß an Donald W. Winnicott eine spezifische Abwehr-Organisation des Ich. Die Entwicklung eines Falschen Selbst ist im wesentlichen eine seelische Reaktion auf zwei Formen nicht hinreichend guten Haltens, ein Zuviel an Zuwendung (Übergriffe) beziehungsweise ein Zuviel an Abwendung (Fallenlassen). Die notwendigen Abwehropera-

tionen des Ich dagegen führen zu seelischen Verhärtungen (Abwehrmauern) und übermäßiger autoplastischer (selbstverändernder) Anpassung an die Mitwelt. Sie begründen eine → Als-ob-Persönlichkeit (Helene Deutsch) und einen Verlust des Wirklichkeitsgefühls. Das → »Wahre Selbst« wird dadurch beeinträchtigt bis hin zum Extrem des Seelentodes, einer völligen Selbstentfremdung.

Selbst, Wahres
Unter dem Wahren Selbst versteht die Psychoanalyse im Anschluß an Donald W. Winnicott die theoretisch bestmögliche Entfaltung aller angeborenen, im Kern des Selbst enthaltenen, Potentiale und Eigenschaften des Individuums. Ihre optimale Entwicklung ist von hinreichend guten, reifungsfördernden Mitweltbedingungen abhängig. Ein vollkommenes Wahres Selbst ist natürlich eine Idealfiktion. Ein »hinreichend gutes Selbst« setzt sich immer aus einer Mischung von wahren und falschen Selbst-Anteilen zusammen.

Selbstanalyse
Der Begriff hebt hervor, daß jeder psychoanalytische Prozeß in erster Linie eine Form der Selbstauseinandersetzung ist, bei welcher der Psychoanalytiker ein hilfreicher Begleiter sein kann. Damit unterscheidet sich die Psychoanalyse von jeder anderen Form ärztlicher oder therapeutischer »Behandlung«, in welcher der Patient das »Objekt« therapeutischen Handelns ist. Der Analysand ist dagegen als Subjekt der Gestalter seiner persönlichen Psychoanalyse.

Der Begriff wird bisweilen auch gleichsinnig mit → Lehranalyse gebraucht.

Er verweist schließlich darauf, daß der innere Veränderungsprozeß mit dem äußeren Abschluß der psychoanalytischen Behandlung nicht zu Ende ist, sondern im besten Fall in eine »unendliche Analyse«, mit anderen Worten, eine fortwährende Selbstanalyse, mündet.

Selbsterhaltungs- oder Ich-Trieb
Ein Teil des Lebenstriebes, der das Leben des Ich zu schüt-

zen und zu erhalten sucht, zum Beispiel vermittels der Realitätsprüfung. Atmung und Stillung von Hunger und Durst sind Paradigmen für das Wirksamwerden des Selbsterhaltungstriebes.

Selbstmord
Da dieser Begriff implizit schon eine Wertung enthält (»Mord«), erläutern wir ihn unter der wertneutraleren Formulierung »Suizid«.

Selbstobjekt
Charakterisiert in der Sichtweise der Selbst-Psychologie den Teil des inneren Objekts, der als vom Selbst nicht unterschieden erlebt wird. Die Selbstobjekt-Beziehung beherrscht das früheste Erleben des Säuglings, spielt jedoch auch lebenslang eine bedeutsame Rolle.

Die gesunde individuelle Entwicklung und ein gelingender psychoanalytischer Prozeß zeichnen sich im allgemeinen Verständnis der Psychoanalyse durch ein fortschreitendes Wachstum der Selbstobjekt-Beziehung zugunsten von reiferen Objektbeziehungsmodi aus, die eine klarere Trennung und Unterscheidung von Selbst und Objekt zur Grundlage haben (→ Loslösung). Andererseits bleiben in der Sicht der Selbst-Psychologie alle Menschen lebenslang immer wieder auf eine Selbstbestätigung durch Selbstobjekte angewiesen (→ Spiegeln, → Selbstobjekt-Übertragung, → Spiegelübertragung). In dieser Perspektive besteht die »Reifung« von Objektbeziehungen in der den Entwicklungsphasen entsprechenden Umgestaltung von Selbstobjekt-Beziehungen.

In der Terminologie Donald W. Winnicotts wird das Selbstobjekt als »subjektives Objekt« bezeichnet, das im Entwicklungsverlauf durch Erfahrungen immer mehr zu einem objektiven Objekt wird, also auch in seiner eigenen Realität wahrgenommen werden kann und damit den Weg zu einer wirklichen gegenseitigen Beziehung freimacht.

Siehe auch: Subjekt-Objektdifferenzierung

Selbst-Objekt-Differenzierung
Siehe: Subjekt-Objekt-Differenzierung

Selbstobjekt-Übertragung
Diese Form der Übertragung ist charakterisiert durch das unbewußte Bedürfnis des Patienten danach, daß der Psychotherapeut sein Selbstgefühl aufrechterhält und seine Selbstregulation gewährleistet. Bei der Selbstobjekt-Übertragung im Rahmen einer Psychotherapie entfällt im Erleben des Patienten eine klare Abgegrenztheit zwischen ihm selbst und dem Therapeuten. Die Selbst-Psychologie unterscheidet im wesentlichen zwei Formen von Selbstobjekt-Übertragungen: die → idealisierende Übertragung und die → Spiegelübertragung.

Selbst-Psychologie
Die Selbst-Psychologie ist eine der vier wichtigsten gegenwärtigen Richtungen der Psychoanalyse, neben der Trieb-Psychologie, der Ich-Psychologie und der Objektbeziehungs-Psychologie. Sie wurde in den sechziger Jahren von Heinz Kohut begründet. In ihrem Zentrum steht das Selbst in seiner Dynamik, Entwicklung und Pathologie. Die Nachfolger Kohuts haben dessen Anregung aufgegriffen, die Selbst-Psychologie zu einer Selbstobjekt-Psychologie weiterzuentwickeln.

Selbst-Repräsentanz
Hiermit werden die aus den Eigen- und den Interaktionserfahrungen gewonnenen und verinnerlichten Vorstellungen vom eigenen Selbst erfaßt.
Siehe auch: Objekt-Repräsentanz

Selbstverletzung
Selbstbeschädigendes Verhalten ist ein in den letzten Jahren immer häufiger zu beobachtendes klinisches Phänomen. Es wird unterschieden zwischen heimlichen Selbstverletzungen (beispielsweise dem künstlichen Herstellen einer Krankheit beziehungsweise von Krankheitssymptomen) und offenen Selbstverletzungen (zum Beispiel: sich

schneiden, sich verbrennen und ähnliches mehr). Solche Selbstbeschädigungen fügen Menschen sich meist in Zuständen innerer Leere, Anspannung und Verzweiflung zu. Selbstverletzungen (zum Beispiel: das Fließen des Blutes) vermitteln oftmals das Gefühl, lebendig, existent zu sein, lösen (womöglich suizidale) Spannungen und bekräftigen so das Selbstgefühl. Insofern ist häufig paradoxerweise die Selbstverletzung eine Form der Selbstfürsorge und Selbsterhaltung. Selbstverletzung ist bisweilen ein diagnostischer Hinweis auf eine sexuelle Gewalterfahrung.

Selbstbeschädigungen können allerdings auch die Folge eines unbewußten ➜ Strafbedürfnisses sein, Auswirkung einer Pathologie des ➜ Über-Ich.

Siehe auch: Suizid

Separation
Siehe: Loslösung

Setting
Unter Setting werden spezifische Rahmenbedingungen des therapeutischen Prozesses verstanden. Dazu zählen die Entscheidung zwischen ambulanter oder stationärer Psychotherapie, Einzel- oder Gruppentherapie, der Behandlung auf der Couch oder im Gegenübersitzen und die Frequenz der Behandlungsstunden.

Sexualität
Siehe: Psychosexualität

Sexualtrieb
Der Sexualtrieb wird ebenso wie die Sexualität von der Psychoanalyse in weit umfassenderem Sinne verstanden als die allgemeinen Vorstellungen, die den Begriff meist auf die körperliche, genitale Betätigung einengen.

Der Sexualtrieb dient einerseits der Reproduktion der Spezies und ist andererseits mit der Lust und Befriedigung verbunden, die durch sexuelle Aktivitäten ermöglicht werden. In der Psychoanalyse berücksichtigt der Begriff darüber hinaus Aspekte der infantilen Sexualität (zum Beispiel:

orale oder anale Erotik) und aus der gesamten psychosexuellen Entwicklung. In symbolisierter oder sublimierter Form manifestiert sich der Sexualtrieb auch in Verhaltensweisen, die nicht direkt mit der Sexualität in Zusammenhang stehen (zum Beispiel: lustvoll ein Instrument spielen).

Siehe auch: Psychosexualität

Sicherheitsprinzip

Das Sicherheitsprinzip (Joseph Sandler) umfaßt die Tatsache, daß das Ich ständig darum bemüht ist, ein narzißtisches Gleichgewicht (→ Homöostase) mit wenigstens einem Minimum an Sicherheitsgefühl und Wohlbefinden aufrechtzuerhalten. Das Bedürfnis nach Sicherheit gehört wohl zu den angeborenen Regulationsprinzipien psychischen Geschehens. Dem Sicherheitsprinzip dienlich sind alle intersubjektiven Erfahrungen von Anerkennung, Bestätigung, Liebe und Wiederholung.

Sinn

»Wer nach dem Sinn des Lebens fragt, ist krank«, schreibt Sigmund Freud, »denn *den* Sinn des Lebens im objektiven Sinn gibt es ja gar nicht«. Freud und nach ihm auch andere Psychoanalytiker lehnen es ab, die Sinnfrage aufzuwerfen, geschweige denn eine Antwort darauf für jemand anderen zu formulieren. Mit der Psychoanalyse steht aber eine Methode zur Verfügung, die es jedem Individuum erlaubt, in einer »unendlichen« → Selbstanalyse nach dem Sinn seines Lebens zu fragen, zu suchen und vorläufige Antworten darauf zu finden.

Somatisierung

Darunter wird die Umwandlung innerlich oder äußerlich bedingter seelischer Konflikte in körperliche Krankheitssymptome verstanden.

Siehe auch: Konversion; Psychosomatik

Spaltung

Es handelt sich um einen unbewußten frühen Abwehrmechanismus, der dem Säugling helfen soll, »chaotische Spannungszustände« (Hunger, Angst, Schmerz) in die psychische Struktur einzuordnen. So wird ein Hungergefühl in der kindlichen Phantasie in Zusammenhang mit einer »bösen« Mutter oder Brust gebracht, die diese Unlust verursacht. Durch den Spaltungsvorgang verliert das Objekt seine Ganzheit und wird durch zwei Teilstrukturen ersetzt (»böses Objekt« und »gutes Objekt«). Nach der Spaltung des Objekts ändert sich die emotionale Einstellung ihm gegenüber, das heißt: das gute Objekt wird geliebt, das böse Objekt wird gehaßt. Spaltungsvorgänge können sowohl das Objekt als auch das Selbst betreffen. Die Teilstrukturen eines Objekts werden partiale Objekte genannt.

Wenn das Subjekt an Spaltungsprozesse, die oft zusammen mit Projektionsprozessen auftreten, fixiert bleibt, dann können diese innerhalb seiner psychischen Struktur dominant werden. Sie spielen eine wichtige Rolle in Gruppenzusammenhängen, zum Beispiel bei kriegerischen Auseinandersetzungen, in denen der Feind als »nur böse« erscheint und im Gegensatz dazu die eigenen Reihen als »nur gut« gelten.

Mit der Weiterentwicklung der Persönlichkeit treten andere Abwehrmechanismen in den Vordergrund (zum Beispiel die Verdrängung). Funktionelle Spaltungsmechanismen sind Grundlage beispielsweise für die Selbstbeobachtung und die Selbstreflexion (»therapeutische Ich-Spaltung«).

Siehe auch: Objekt, partiales/ganzes; Projektion; Dissoziation

Spiegeln
Das Spiegeln gehört zu den bedeutsamen psychotherapeutischen Behandlungstechniken. Dabei geht es gerade nicht um eine hundertprozentige Übereinstimmung zwischen den Äußerungen des Patienten, den Wahrnehmungen des Therapeuten und seinen Reaktionen, weil auch nur an der Differenz Lernprozesse möglich sind. Die empathische Resonanz oder »Antwort« des Therapeuten ist im Lauf der Zeit gegenüber den ➜ Konstruktionen und der Deutung zu einem immer wichtigeren psychotherapeutischen Instrument geworden.

Das empathische Spiegeln der Äußerungen des Kleinkindes hilft diesem bei der Entwicklung und Kräftigung seines Ich-Selbst. Durch Bedeutungsgebung und »Verwörterung« innerer Bewegungen, zum Beispiel Gefühlen. Alle Menschen bleiben lebenslang auf angemessene Resonanz ihrer Mitwelt, insbesondere auf die Anerkennung durch ihnen wichtige Beziehungspersonen, angewiesen.

Siehe auch: Spiegelübertragung, Mentalisierung

Spiegelübertragung

In der Spiegelübertragung, einem Begriff aus der Selbst-Psychologie, wird dem Psychotherapeuten im unbewußten Erleben seines Patienten die Funktion eines spiegelnden Selbstobjekts zugeschrieben. Dabei sucht in einer Wiederbelebung das zur Bewältigung des verlorenen narzißtischen Gleichgewichts errichtete → Größen-Selbst nach einer Bestätigung durch den als Selbstobjekt erlebten Psychotherapeuten. Varianten der Spiegelübertragung sind die Alterego- oder Zwillingsübertragung.

Spielen

Die Kategorie des Spielens als Grundform des Lebendigseins und imaginärer Ort der Begegnung von Menschen wurde besonders von Donald W. Winnicott hervorgehoben. Spielen geschieht in einem Zwischenbereich (→ Möglichkeitsraum). Als »Tun-als-ob« ist es ein Probehandeln und steht im Kontrast zum »wirklichen« Handeln, obwohl es natürlich real und ernsthaft ist. Spielen kann sich zum Beispiel auf den Umgang mit sich selbst, auf die Kommunikation zwischen Mutter und Kind oder auch auf das produktive Verhältnis zwischen Psychotherapeut und Patient beziehen.

Siehe auch: Spieltechnik, psychoanalytische

Spieltechnik, psychoanalytische

Die Kinderpsychoanalyse mißt dem Spiel der Kinder die gleiche Bedeutung zu wie der freien Assoziation des Erwachsenen. So stellt das Spielen im Rahmen einer kinderanalytischen Behandlung eine Form der → Externalisierung innerer, unbewußter Konflikte dar. Es ermöglicht, die Beschaffenheit der Beziehungen des Kindes zu seinen Objekten zu erkennen. Zur psychoanalytischen Spieltechnik gehören auch Deutungen. Wenn sie die unbewußten Ängste des Kindes ansprechen, dann vermögen sie diese damit zugleich zu lindern.

Spontane Geste
Siehe: Geste, spontane

Störung, strukturelle
Hierbei handelt es sich um eine grundlegende, schwerwiegende Erkrankung der Persönlichkeit, die sich insbesondere auf den Bereich des Ich (ich-strukturelle Störung) oder des Selbst (selbst-strukturelle Störung) bezieht. Die dabei früher gängige Fokussierung auf ein »Mangel-« oder »Defekt-Modell« ist mittlerweile für einen Teil der Psychoanalytiker fragwürdig geworden. Im Vordergrund heutiger Betrachtung struktureller Störungen stehen eher die Regulations- und Bewältigungsstrategien (Notlösungen, Überlebensstrategien) für traumatische Erfahrungen und die auf mangelhaften, nicht hilfreich-regulierenden Objektbeziehungen beruhenden krankhaften Entwicklungen des Ich-Selbst-Systems.
 Siehe auch: Grundstörung

Strafbedürfnis
Erfaßt unbewußte Tendenzen und Impulse des Individuums, sich in Situationen zu begeben (beispielsweise: Beziehungskonstellationen, Fehlleistungen und ähnliches mehr), die als peinlich, demütigend, verletzend oder beschädigend erlebt werden können. Hinter solchen Verhaltensweisen steht in der Regel ein unbewußtes Schuldgefühl, das auf diese Weise ausgleichende Entlastung sucht.
 Siehe auch: Masochismus; Über-Ich

Strukturelle Störung
Siehe: Störung, strukturelle

Strukturmodell
Siehe: Instanzenmodell

Subjekt-Objekt-Differenzierung
Am Lebensanfang werden Subjekt (Selbst) und Objekt als nicht oder als weitgehend nicht unterschieden erlebt (➜ Selbstobjekt, ➜ Symbiose, ➜ Primäre Objektliebe). Erst im Lauf der ersten Lebensmonate kommt es zu einer immer klareren Wahrnehmung und ➜ Loslösung von den primären Objekten. Die Trennung vom und Abgrenzung gegenüber dem Objekt machen erst eine wirkliche, wechselseitige Beziehung zu einem anderen möglich. Donald W. Winnicott spricht in diesem Zusammenhang vom anfänglichen »subjektiven Objekt«, das erst durch das unvermeidliche Versagen und die unumgänglichen Versagungen des Objekts (➜ Frustration), das heißt durch eine Störung der im Erleben zunächst ungeteilten Symbiose, immer mehr zu einem »objektiven« Objekt wird.

Sublimierung
Beim unbewußten seelischen Vorgang der Sublimierung wird ein Triebimpuls in ein nicht triebgebundenes Verhalten verwandelt. So kann zum Beispiel die sexuelle Neugierde in intellektuelle Neugier sublimiert werden. Für die Entwicklung der Sublimierungsfähigkeit ist der Erwerb der Fähigkeit zur Symbolbildung eine entscheidende Voraussetzung. Sublimierungsprozesse spielen bei künstlerischen Betätigungen und intellektuellen Aktivitäten eine bedeutsame Rolle. Die Sublimierung bezieht sich neben der Umwandlung sexueller Impulse auch auf die aggressiver oder narzißtischer Tendenzen.
Siehe auch: Kreativität

Suizid
Der absichtsvolle Akt der Selbsttötung. Es erscheint sinnvoll, zwei Formen suizidaler Handlungen zu unterscheiden: die Selbsttötung, bei der die Selbstauslöschung das wesentliche oder einzige Ziel ist (sogenannter »Bilanzsuizid«), und der Suizidversuch, der unbewußt einem letzten Hilferuf entspricht, ein Alarmsignal setzt und einen Kommunikationsversuch beinhaltet (»appellativer Suizidversuch«).
Es gibt psychoanalytische Verstehens- und Erklärungsan-

sätze, die mehr die intrapsychische Perspektive des Suizidgeschehens betonen, und andere, die eher den Beziehungsaspekt im Auge haben.

Bei den letzteren spielt zum Beispiel die Rache eine Rolle, die Tötung eines internalisierten Objekts oder die Phantasie einer Wiedervereinigung mit einem verstorbenen Objekt. Steht mehr die innerseelische Regulation im Vordergrund, so geht es zum Beispiel um aus Schuldgefühlen erwachsende Autoaggression (➔ Strafbedürfnis), um Resignation, um die Wendung der Aggression gegen die eigene Person, um den Versuch der omnipotenten Beherrschung einer ohnmächtig machenden Situation oder um das aktive Zuvorkommen gegenüber einem als narzißtisch bedrohlich und beschämend empfundenen passiven Erleben. Dabei spielt bisweilen auch eine unbewußte oder bewußt ausgesprochene Idealisierung des Todes eine Rolle.

Supervision
Supervision ist ein Instrument der Aus- und Weiterbildung vor allem in psychosozialen Bereichen. Psychoanalytische Supervision ist ein durch einen erfahrenen Psychoanalytiker (Supervisor) fachlich begleiteter Prozeß der Selbstreflexion, Selbstauseinandersetzung, Selbsteinsicht und Selbstentwicklung. Er versucht vor allem die unbewußte Dynamik von Selbst- und Beziehungserleben zugänglich zu machen. Supervision wird in der Form einer Einzelbegegnung oder als Gruppensupervision unter Anleitung eines Supervisors durchgeführt. Bezieht sich der Prozeß auf eine dritte Person (zum Beispiel auf Patienten oder Klienten), spricht man auch von »Fallsupervision«; bezieht sich der Supervisionsprozeß auf beispielsweise alle Angehörigen einer stationären Einrichtung, wird das als »Teamsupervision« bezeichnet.

Manche Institutionen und Firmen nehmen ebenfalls psychoanalytische Supervision in Anspruch. Neben der psychoanalytisch begründeten Supervision bestehen heute eine Fülle von Supervisionsangeboten, die jedoch nicht dieselbe unbewußte Tiefe wie die Psychoanalyse erreichen können.

Symbiose
Aus der psychoanalytischen Perspektive wird der Begriff vorwiegend im Zusammenhang mit der innigen Beziehung zwischen Mutter und Säugling gebraucht. Er bezieht sich auf das Erleben des Säuglings, von der Mutter nicht unterschieden zu sein, in der Phase, in der die Subjekt-Objekt-Differenzierung noch nicht stattgefunden hat.

Siehe auch: Selbstobjekt; Objektliebe, primäre

Symbol
Begriff für ein Zeichen, das für etwas anderes, das Bezeichnete, steht. Symbole können zum Beispiel konkrete Objekte, Bilder oder Abstraktionen wie Worte sein. Symbole oder symbolische Darstellungen als Ausdruck verdrängter, unbewußter Inhalte spielen beispielsweise bei der Gestaltung von Träumen (→ Traumarbeit), kreativen Schöpfungen, aber auch Symptombildungen, eine gewichtige Rolle.

Als Sigmund Freud die Methode der freien Assoziation entwickelte, ging er davon aus, daß Träume und unbewußtes Denken und Handeln verstanden und bewußt werden könnten, wenn es gelänge, die unbewußten Symbole (Traumszenen, Worte) zu entschlüsseln. Für Sigmund Freud haben die Symbole primär persönlichen Charakter, das heißt, jedes Individuum entwickelt seine eigenen Symbole beziehungsweise sein eigenes Symbolverständnis. Aus diesem Grund kann der Psychoanalytiker zwar Deutungsangebote dafür machen, über ihre Annahme kann letztlich aber nur der Betroffene selbst bestimmen.

Symbolbildung/Symbolisierung
Die Fähigkeit zur Symbolbildung oder Symbolisierung bildet sich erst im Lauf der ersten 18 Lebensmonate heraus, wozu die Container-Funktion der Mutter wesentlich beiträgt. Die Symbolisierung setzt die Möglichkeit zu geistigen Abstraktionen (zum Beispiel Bilder oder Worte) voraus. Das umfaßt die Fähigkeit, ein Symbol, zum Beispiel ein gesprochenes oder geschriebenes Wort, als solches zu erkennen und zugleich zu wissen, daß es für etwas anderes steht. Wenn der Symbolbildungsprozeß oder die Fähigkeit zur

Symbolisierung gestört werden (zum Beispiel durch traumatische Erfahrungen), kommt es zu Wahrnehmungsverzerrungen oder -defekten. Ein Beispiel ist der »Konkretismus«. Ein konkretistisch denkender Mensch ist nicht mehr in der Lage zu einem metaphorischen Umgang mit Symbolen, beispielsweise zum »Tun-als-Ob«, zum ➔ Probehandeln, sondern muß alles wörtlich nehmen. Besonders bei psychotischen Erkrankungen herrscht oft das konkretistische Denken vor, bei dem das Symbolisierte mit dem Symbol gleichgesetzt wird.

Symptom
Bezeichnet die äußere Erscheinungsform einer seelischen Erkrankung. Symptome können beispielsweise spezifische Verhaltensweisen, innere Verfassungen, sich wiederholende Beziehungsmuster oder Körperphänomene (»psychosomatische Symptome«) sein. Symptome stellen Kompromißbildungen zwischen Bedürfnissen, Wünschen, Impulsen, Triebkräften, Affekten und ihrer Abwehr dar. Je nach Schwere der Erkrankung und der Realitätsentfernung unterscheidet man neurotische und psychotische Symptome.
Siehe auch: Symptombildung

Symptombildung
Beschreibt den Vorgang der seelischen Verarbeitung eines Problems durch das Entwickeln eines Symptoms. Symptombildungen sind kreative Ich-Leistungen in seelischen Konfliktsituationen, die aktuell keine anderen Notlösungen erlauben. Verlieren diese suboptimalen Lösungen später ihre ursprünglich hilfreiche Funktion, so werden sie zu Leidenssymptomen, damit ich-fremd und prinzipiell einer psychotherapeutischen Bearbeitung zugänglich.

Symptomwahl
Wenn die Psychoanalyse von der unbewußten »Wahl« eines spezifischen Symptoms spricht, dann geht sie dabei von der Vorstellung aus, daß das Entwickeln eines bestimmten Krankheitsbildes für ein Individuum weder zufällig noch sinnlos ist (➔ Determiniertheit). Eine Psychoanalyse kann

dabei behilflich sein, die lebensgeschichtliche Begründung und den subjektiven Sinn einer Symptomwahl aufzuklären.

Szene
In dem Maße, in dem die moderne Psychoanalyse die interaktionelle oder intersubjektive Betrachtung des Individuums (Zwei- oder Mehrpersonen-Psychologie) gegenüber dem Intrapsychischen (Ein-Personen-Psychologie) mehr in den Mittelpunkt rückte, wurde die Beziehungsdynamik in der gesunden und kranken Entwicklung, der normalen und krankhaften Beziehungsgestaltung und der Patient-Therapeut-Beziehung immer wichtiger. Beziehungserfahrungen schlagen sich seelisch in szenischer Form nieder. Verinnerlicht werden ganze Szenen mit den Bildern und Affekten vom Selbst, von den Objekten und ihrer Interaktion. In der Übertragungs-Gegenübertragungsbeziehung zwischen Patient und Therapeut können die unbewältigten, konflikthaften Szenen wiederbelebt und somit einer nachträglichen Bearbeitung zugänglich gemacht werden.

Siehe auch: Reinszenierung; Verstehen, szenisches

Szenisches Verstehen
Siehe: Verstehen, szenisches

Tabu
Kulturgeschichtlich gesehen ist ein Tabu ein uraltes Verbot, das sich gegen die stärksten Wünsche und Triebbedürfnisse des Menschen richtet. Dementsprechend besteht die Lust zu seiner Übertretung im Unbewußten fort, neben der gleichzeitigen Furcht und Scheu davor. Tabus haben Schutzfunktionen gegenüber aggressiven Impulsen, zum Beispiel im ödipalen Kampf, bei libidinösen Wünschen (»Inzesttabu«) und bei der Berührung wichtiger Lebensakte wie Geburt, Sexualität oder Tod.

Das individuelle Tabu kann der Bewältigung einer heftigen Gefühlsambivalenz gegenüber dem Objekt des Triebimpulses dienen. So ist das Vatermordtabu Ausdruck der gleichzeitig bestehenden mörderischen und liebevollen Impulse gegenüber dem Vater. Folglich wirft das Verständnis des Tabus auch ein Licht auf die Natur und die Entstehung von Gewissensphänomenen.

Tagesreste
Der Begriff bezeichnet vorbewußte Erinnerungsspuren an scheinbar unwichtige Erlebnisse oder Phantasien, die an den Vortagen eines Traums stattgefunden haben. Sie gewinnen dadurch an Bedeutung, daß sie eine unbewußte Verbindung mit den im Traum verarbeiteten, verdrängten Inhalten haben. Die Tagesreste, welche durch die Traumarbeit in den Traum eingehen, werden somit Bestandteil des manifesten Trauminhalts.

Theory of Mind (ToM)
Dieser Begriff (»Theorie geistiger Vorstellung«) wurde von David Premack und Guy Woodruff geprägt und gewinnt im psychoanalytischen Diskurs zunehmend an Bedeutung. Er bezeichnet die Fähigkeit des Subjekts, sich selbst und anderen einen psychischen Zustand zuzuordnen. Die Fähigkeit, sich emotionale Vorstellungen über sich selbst und andere zu machen, steht in psychoanalytischer Sichtweise im Zusammenhang mit dem Werdegang der ➔ projektiven Identifizierungen, die – als ein präverbales Kommunikationsmittel – in der frühesten Mutter-Kind-Beziehung einsetzen. Der ungehinderte Umgang mit projektiv-identifikatorischen Prozessen setzt voraus, daß die Mutter über eine Theory of Mind in bezug auf die Verfassungen ihres Babys verfügt, auch wenn die ersten Signale, die sie bei ihm wahrnimmt, zunächst rein körperlicher Natur sind.

Tiefenpsychologisch fundierte Psychotherapie
Siehe: Psychotherapie, tiefenpsychologisch fundierte

Todestrieb
Der von Sigmund Freud beschriebene und später in einigen psychoanalytischen Schulen weiterentwickelte Begriff bezeichnet eine Tendenz im Menschen, die sich dem Lebenstrieb entgegenstellt. Der Todestrieb strebt nach der Auflösung von Bindungen und nach vollständiger Aufhebung von

Spannung, also danach, das Lebewesen in den anorganischen Zustand zurückzuführen, in dem weder Unlust noch Schmerz verspürt wird, wie er letztlich nur durch den Tod erreicht werden kann (»Nirwanaprinzip«).

Der Todestrieb manifestiert sich nach Melanie Klein und ihren Schülern unter anderem im Verlangen des Säuglings, Bedürfnisse oder Impulse, die er nicht ertragen kann, oder deren Wahrnehmung zu tilgen. Das heißt, daß der Todestrieb sich zunächst nach innen wendet und nach Selbstvernichtung strebt, um sich dann unter dem Einfluß des Lebenstriebes sekundär nach außen zu richten. Dies zeigt sich in Form des Aggressions- oder Destruktionstriebes. Das Konzept eines angeborenen Todestriebes bleibt unter den Psychoanalytikern umstritten.

Topisches Modell
Siehe: Modell, topisches

Trauer
Der Affekt der Trauer entwickelt sich als seelische Reaktion auf den Verlust eines bedeutsamen Objekts beziehungsweise wird von Symbolen ausgelöst, die dieses repräsentieren. Soll die Trauer zu einem Ende finden, ist ein Durcharbeiten der Affekte notwendig (→ Trauerarbeit). Neben der gesunden Trauer finden wir eine pathologische Trauer, bei welcher der Trauerprozeß mißlingt und es zu einem ambivalenten Fixiertbleiben an das verlorene Objekt kommt. Depression beziehungsweise Melancholie stellen Varianten der »Unfähigkeit zu (gesundem) Trauern« dar.

Trauerarbeit
Mit Trauerarbeit wird der Prozeß des seelischen Verarbeitens der Trauerreaktion bezeichnet. Der Trauerprozeß umfaßt in der Regel drei Phasen.

1. Eine Phase von Schock, Protest oder Verleugnung, in der das Subjekt die Vorstellung des Verlusts abwehrt. Der Mensch weigert sich, an den Verlust zu glauben, erlebt trotzige Wut und versucht meist, sich selbst oder andere für den Verlust verantwortlich zu machen.

2. Eine Phase, in der Verzweiflung, Resignation und Rückzug nach innen vorherrschen, nachdem die Realität des Verlusts anerkannt worden ist und traurige Gefühle zugelassen werden können. Erst langsam und allmählich erfolgt ein inneres Akzeptieren des Verlusts.

3. Eine Phase, in der sich das Subjekt innerlich vom Objekt trennt, seine → Besetzungen vom verlorenen Objekt abzieht, ein Leben ohne das Objekt ins Auge fassen und sich unter Umständen an ein anderes oder neues Objekt binden kann.

Traum
Im Rahmen einer psychoanalytischen Psychotherapie bilden die Träume sehr bedeutsame Zugangswege zum Unbewußten. Sigmund Freud nannte sie die »via regia« (Königsweg). Für ihn stehen alle Träume im Dienste der Wunscherfüllung – sogar Alpträume, indem sie zum Beispiel Strafbedürfnisse befriedigen oder Wiederholungszwängen dienen.

Träume stellen das Produkt der Traumarbeit dar. Dabei sucht der Träumer im Zustand des Nicht-Wachseins nach Lösungen für unbewältigte Konflikte und Herausforderungen innerer und äußerer Natur. Unterschieden wird zwischen einem dem Träumer direkt zugänglichen manifesten Inhalt und dem durch die freien Assoziationen des Patienten und die Deutungen des Psychoanalytikers zugänglich werdenden latenten Inhalt des Traums, das heißt seinen vielfältigen (mehrfach determinierten) unbewußten Bedeutungen.

Siehe auch: Traumarbeit; Bearbeitung, sekundäre

Trauma
Die Psychoanalyse versteht unter Trauma eine einschneidende psychische Erfahrung, die das Ich überwältigt und seine Identität erschüttert. Deswegen kann sie nicht einfach durch das Subjekt assimiliert werden wie andere, weniger belastende Erfahrungen. Häufig werden die traumatischen Erfahrungen abgekapselt von den übrigen kognitiven und affektiven Erinnerungen gespeichert. Das

Trauma kann darüber hinaus zu einer Zerstörung der Container-Funktionen und der Bewältigungsmechanismen des Ich führen.

Die unmittelbare Reaktion auf ein psychisches Trauma ist ein Schock, von dem sich das Individuum nicht spontan wieder erholt. Die Psychoanalyse geht davon aus, daß in der Kindheit erfahrene Traumata eine große Rolle bei der Entstehung psychischer Erkrankungen spielen.

Manchmal ist ein Trauma nicht durch ein einziges Erlebnis ausgelöst. Eine Reihe von sich wiederholenden und summierenden Erfahrungen können auch eine traumatische Wirkung haben, zum Beispiel, wenn eine Mutter zu häufig abwesend für ihr Baby ist. In diesem Fall spricht man von »kumulativem Trauma« (Masud R. Khan).

Traumarbeit
Unter Traumarbeit wird die Gesamtheit der seelischen Prozesse verstanden, die den unbewußten Konflikt unter Einbezug von körperlichen Reizen (zum Beispiel: Harndrang), äußeren Reizen (zum Beispiel Lärm), von Tagesresten und von Traumgedanken in zunächst in primärprozeßhafter Weise gestalten. Anschließend wird der Traum unter Zuhilfenahme der sekundären Bearbeitung in eine nach dem Aufwachen erinnerbare Gestalt des manifesten Traums verwandelt.

Durch Formulierungen wie »Fehl-leistung«, »Trauer-arbeit« oder »Traum-arbeit« drückt die Psychoanalyse ihren Respekt vor den Anstrengungen des Individuums aus, die Lebensherausforderungen kreativ zu meistern.

Triangulierung
Dieser Begriff bezieht sich auf die Entwicklung der Beziehung zwischen drei Personen (»Triade«) im Gegensatz zur Einpersonenpsychologie (mit dem Blick auf das Individuum oder die »Monade«) und Zweipersonenpsychologie (Betrachtung des einzelnen in seiner Beziehung zum anderen oder der »Dyade«). Die »klassische« Dreiecksbeziehung ist die ödipale Konstellation zwischen Kind, Mutter und Vater. Später geht es auch um andere Beziehungsdreiecke. Die

moderne Psychoanalyse erforscht mehr die präödipalen beziehungsweise frühen ödipalen Beziehungen und in diesem Zusammenhang auch den Übergang von der Zweierbeziehung zur Dreierbeziehung, in welcher der Vater von Anfang an präsent ist, was als »frühe Triangulierung« bezeichnet wird. In den Vorstellungen der kleinianischen und einiger anderer Psychoanalytiker (Eugenio Gaddini, André Green) bestehen Frühstadien des Ödipuskomplexes und damit auch trianguläre Beziehungen von Lebensbeginn an.

Siehe auch: Ödipuskomplex, früher oder prägenitaler; Urszene

Trieb
Mit Trieb bezeichnet Sigmund Freud dynamische Prozesse, die den Organismus auf ein bestimmtes Ziel zustreben lassen. Die Triebquelle ist ein Körperreiz (innere Spannungen), das Triebziel ist die Aufhebung des Reizes mit Hilfe eines Objekts. Sigmund Freuds Triebtheorie blieb durch alle Modifikationen hindurch dualistisch: Sexualtrieb vs. Selbsterhaltungstrieb, Sexualtrieb vs. Aggressionstrieb, Lebenstrieb vs. Todestrieb.

Trieb-Psychologie
Die Trieb-Psychologie ist im Gegensatz zur Ich-Psychologie, zur Selbst-Psychologie oder zur Objektbeziehungs-Psychologie keine »Schulrichtung« der Psychoanalyse, die mit bestimmten Autoren verknüpft wäre, sondern eher eine spezifische »klassische« psychoanalytische Sichtweise auf den Menschen. Während Sigmund Freud in seiner dualistischen Konzeption der Triebe zunächst dem Sexualtrieb den Selbsterhaltungstrieb gegenüberstellte, betonte er in seinem späteren Werk die Gegenüberstellung von Eros, dessen Ziel es ist, immer größere Einheiten – also Bindung – herzustellen, und dem Destruktionstrieb oder Todestrieb, dessen Ziel es ist, Zusammenhänge aufzulösen und zu zerstören. In der kleinianischen Richtung der Psychoanalyse, die das Konzept des Todestriebes betont, wird diesem auch die Idee eines Lebenstriebes, der sich zum Teil mit dem Eros deckt, entgegengestellt. Von manchen Autoren

wird auch der Narzißmus als eigenständiges Triebkonzept verstanden.

Überdeterminierung
Siehe: Determiniertheit, mehrfache

Übergangsobjekt
Mit diesem Begriff bezeichnet Donald W. Winnicott reale Objekte wie Tuchzipfel oder Kuscheltiere, die vom Kleinstkind in der Phase beginnender Selbst-Objekt-Differenzierung weder ganz als äußere Phänomene noch ganz als zur inneren Realität gehörig erlebt werden. Sie dienen in dem sich erweiternden Trennungsbereich zwischen Mutter und Kind, dem Übergangsraum (→ Möglichkeitsraum), der Beruhigung und Versicherung. Übergangsobjekte sind normale Entwicklungserscheinungen und können auch später beispielsweise in Form von Maskottchen, Kunstobjekten oder religiösen Ritualen eine produktive Funktion erfüllen. Sie können unter pathologischen Bedingungen in ihrer kindlichen Bedeutsamkeit bestehen bleiben und dann im späteren Alter zum Beispiel als Fetische oder Objekte bei Zwangsritualen eine möglicherweise beeinträchtigende Wirkung entfalten.

Übergangsphänomen
Zu den frühen Entwicklungsaufgaben gehört die Differenzierung zwischen Innen und Außen, Ich und Nicht-Ich, Selbst und Objekt (→ Subjekt-Objekt-Differenzierung), Phantasie und Realität. Manche Autoren sehen von Lebensanfang an eine derartige Differenzierung schon als gegeben an. Die Begriffe »Übergangsphänomen« und »Übergangsobjekt« gehören nach Donald W. Winnicott ursprünglich sowohl entwicklungszeitlich wie substantiell in den theoretischen, illusionären Übergangsbereich (→ Möglichkeitsraum) zwischen innerer Realität und äußerer Realität. Zu den Übergangsphänomenen zählen beispielsweise frühe ritualisierte Körperbewegungen wie Streicheln, Saugen, Tonerzeugungen und die → Übergangsobjekte. Die Übergangsphänomene stellen nach Winnicott die Grundlage kul-

tureller Gegebenheiten wie Spielen, Kreativität, Träumen, religiöser Erfahrungen und anderem mehr dar. Es handelt sich dabei um universelle normale Entwicklungsphänomene.

Übergangsraum
Siehe: Möglichkeitsraum

Über-Ich
Dabei handelt es sich neben dem Es und dem Ich um einen der Bereiche im Instanzenmodell. Sigmund Freud schrieb dem Über-Ich unter anderem die Funktionen des Gewissens und der Selbstbeobachtung zu. Es kann ich-unterstützend und orientierungsvermittelnd wirken, aber auch verbietend wie ein Richter oder Zensor. Das Über-Ich entfaltet sich im wesentlichen durch die modifizierte Verinnerlichung elterlicher und anderer ausgesprochener, vor allem aber vorgelebter, bewußter und unbewußter Gebote und Verbote, Wert- und Idealvorstellungen. Während Sigmund Freud die Über-Ich-Bildung als Erbe des Ödipuskomplexes betrachtete, betont die moderne Psychoanalyse mehr die schon präödipale Entwicklung des Über-Ich-Systems. Der differenziertere Begriff des »Über-Ich-Systems« erfaßt ausdrücklich die verschiedenen Teilkomponenten wie die Anteile der Mitwelteinwirkungen und die narzißtischen Einflüsse des Integritätskerns, der zensierenden und verbietenden Aspekte ebenso wie der Idealbildungen im Ideal-Ich und Ich-Ideal. Die Einflußnahme des Über-Ich geschieht sowohl auf bewußte wie auf unbewußte Weise. Sie kann vorbeugend zu Angstempfindungen (Angstsignal) führen und nachträglich zu bewußten und unbewußten Schuldgefühlen.
   Siehe auch: Gewissen; Schuld

Übertragung
Das Konzept der Übertragung entstammt klinischen Beobachtungen und beschreibt ein Phänomen, das regelmäßig in psychoanalytischen Behandlungen auftritt. Es handelt sich um eine Form unbewußter Wiederholung früherer Objektbeziehungen im Umgang mit aktuellen Personen in Ge-

danken, Gefühlen, Phantasien und Wahrnehmungen. Auch in anderen Beziehungen außerhalb des analytischen Settings finden Übertragungen statt. So kann es passieren, daß ein Mann die Reaktionen seiner Frau in der gleichen Weise interpretiert, in der er als Kind die Reaktionen seiner Mutter wahrgenommen hat, ohne daß sein Erleben und daraus resultierendes Verhalten der aktuellen Situation gerecht würde. Der Begriff verdeutlicht, daß neben der bewußten Annäherung an ein Objekt unbewußte, »private« Theorien eine Rolle spielen, welche die Wahrnehmung von sich selbst und dem anderen als Objekt beeinflussen.

Im psychoanalytischen Prozeß nimmt die Analyse und Deutung der Übertragungsinhalte eine zentrale Rolle ein.

Siehe auch: Gegenübertragung, Szene, Wiederholung.

Übertragung, idealisierende
Bei dem selbst-psychologischen Begriff der idealisierenden Übertragung wird der Psychotherapeut im Erleben des Patienten zu einem starken, allmächtigen, grandiosen Objekt. Es handelt sich dabei um die Wiederbelebung der archaischen idealisierten Elternimago, die in der Frühkindheit zur Bewältigung von Störungen im primären narzißtischen Gleichgewicht zum Beispiel durch Empathiedefizite dienen sollte.

Siehe auch: Elternimago, idealisierte

Übertragungsdeutung
Siehe: Deutung, Übertragungs-

Unbewußt(es)
Das Unbewußte ist das zentrale Konzept der Psychoanalyse. Es bezeichnet die Annahme, daß eine psychische Aktivität stattfindet, die vom Subjekt nicht bewußt wahrgenommen wird, jedoch entscheidenden dynamischen Einfluß auf dessen Verhalten und Erleben ausübt, vor allem auf seine Selbst- und seine Objektbeziehungen. In der frühen Psychoanalyse wird der sogenannte psychische Apparat in einem räumlichen, dem ersten »topischen Modell« dargestellt. Dabei wird zwischem dem Unbewußten, dem Vorbe-

wußten und dem Bewußten unterschieden. Erinnerungen, Informationen und Fähigkeiten, die latent vorhanden sind und bei Bedarf rasch bewußt gemacht werden können und zur Verfügung stehen, werden als »deskriptiv unbewußt« oder »vorbewußt« bezeichnet. Erinnerungen, Phantasien und Wünsche, die verdrängt sind, deren Existenz nur abgeleitet werden kann oder die erst nach Beseitigung von heftigem Widerstand zugänglich sind, werden als »dynamisch unbewußt« bezeichnet. Sie stellen das eigentliche Unbewußte dar. Dieses Unbewußte ist, wenn überhaupt, immer nur in sehr begrenztem Ausmaß bewußt zu machen.

Das Adjektiv »unbewußt« wird in der späteren Psychoanalyse nicht mehr so sehr für die Inhalte des Unbewußten verwendet, sondern zur Bezeichnung von seelischen Funktionen und für die Bestandteile des Instanzenmodells. Mit anderen Worten: Teile des Ich und des Über-Ich werden unbewußt wirksam, und das Es wird als komplett unbewußt angesehen.

Siehe auch: Apparat, psychischer; Modell, topisches; Instanzenmodell

Unbewußtes Schuldgefühl
Siehe: Schuldgefühl, unbewußtes

Ungeschehenmachen
Mit diesem unbewußten Abwehrmechanismus bemüht sich das Subjekt, unerträgliche Gedanken, Worte oder Handlungen aufzuheben und so zu tun, als ob diese nicht geschehen seien. Beispiel: Eine Frau deckt auch nach dem Tod ihres Mannes weiterhin den Tisch für zwei Personen.

Unheimlich
Dieser Begriff wird häufig benutzt, um das Gefühl angesichts eines Geschehens zu bezeichnen, bei dem frühe Vorstellungen von Gedankenallmacht scheinbar bestätigt werden (zum Beispiel eine »Déjà-vu-Erfahrung« oder der Eindruck, einen Doppelgänger zu sehen).

Siehe auch: Allmacht der Gedanken

Unlust
Bezeichnet das leidige Gefühl eines unangenehmen inneren Spannungszustands. Insbesondere im Kleinstkindalter, aber auch später spielen die Suche nach Lust und das Bemühen, Unlust zu vermeiden, eine bedeutsame Rolle in der seelischen Regulation (→ Lustprinzip).

Urethral
Der Begriff wird im Zusammenhang mit Vorgängen und Phantasien, die das Urinieren betreffen, verwandt. Die lustvollen Empfindungen der Urethralerotik oder Harnerotik sind mit den Phantasien über das Wasserlassen verknüpft. Ein urethraler Konflikt kann sich beispielsweise im Bettnässen kundtun. Der bisweilen verwandte Begriff einer urethralen Entwicklungsphase steht im engsten und zum Teil ununterscheidbaren Zusammenhang mit der phallischen Phase.

Urszene
Die Psychoanalyse kennt zwei Bedeutungen dieses Begriffs. Zum einen bezeichnet er die reale Wahrnehmung der sexuellen Beziehung zwischen den Eltern durch das Kind. Zum anderen bezieht sich der Terminus »Urszene« auf kindliche Phantasien über den elterlichen Geschlechtsverkehr, der meist als ein Gewaltakt von seiten des Vaters gedeutet wird.
    Siehe auch: Ödipuskomplex, früher oder prägenitaler

Urvertrauen
Dieser von Erik H. Erikson geprägte Begriff erfaßt eine grundlegende hoffnungsvolle Haltung oder Einstellung gegenüber sich selbst und der Welt. Die zuversichtliche Grundhaltung beruht auf einem Übergewicht guter, liebevoller, sicherheitsvermittelnder Erfahrungen schon in der ersten Lebenszeit. Ein vollkommenes Urvertrauen ist eine Idealfiktion, in der Realität begegnen uns immer Mischformen von Vertrauen und Mißtrauen. Ein hinreichendes Urvertrauen ist allerdings die Grundlage für gesundes seelisches Wachstum, befriedigende Beziehungen zu anderen und das Erreichen der → depressiven Position.

Vater/Väterliches Prinzip
In der modernen Psychoanalyse wird dem Vater vom Lebensbeginn des Kindes an eine bedeutsame Rolle zugewiesen. Er kann einen schützenden und bergenden Kreis um die Mutter-Kind-Einheit ziehen, welcher der Mutter eine hinreichende »primäre Mütterlichkeit« gestattet. Er verkörpert für sein Kind aber auch eine erste ganzheitliche Person jenseits der Mutter, den »Dritten«. Insofern ist er zugleich der Störer und Zerstörer der frühen Symbiose zwischen Mutter und Kind und das verheißungsvolle Vorbild einer von der Mutter unabhängigen Existenz. Weil das Erleben der frühen Ununterschiedenheit zwischen Mutter und Kind auch Ängste vor einem Selbstverlust erwecken kann, wird das väterliche Prinzip vom Individuum als trennend, gesetzgebend und strukturvermittelnd benötigt. Es ist Voraussetzung für Prozesse der Symbolbildung und der Selbstreflexion.

Die Ambivalenz zwischen Liebe und Haß gegenüber dem Vater verdichtet sich im ödipalen Konflikt. Für den Sohn ist der Vater als wichtiges gleichgeschlechtliches Identifikationsobjekt von Bedeutung, für die Tochter als erstes gegengeschlechtliches Liebesobjekt. Im psychoanalytischen Prozeß wird das väterliche Prinzip mit der Einhaltung des therapeutischen Rahmens in Verbindung gebracht.

Siehe auch: Mütterlichkeit, primäre; Ödipuskomplex; Triangulierung; Rahmen der Behandlung

Verächtlichmachung, Verachtung
Es handelt sich um einen unbewußten manischen Abwehrmechanismus, der sich gegen die Wahrnehmung richtet, daß das Objekt eine wichtige Bedeutung für das Subjekt besitzt. Das Bestreben, das Objekt geringzuschätzen, es zu entwerten oder seine Bedeutsamkeit zu verleugnen, kann einen unbewußten Versuch darstellen, sich den Schmerz oder die Angst zu ersparen, der aus der Sorge um ein bedeutsames Objekt erwachsen würde (→ Besorgnis, → Depressive Position). Die Verächtlichmachung des anderen kann auch dazu dienen, eigene unerträgliche Gefühle der Scham, Unterlegenheit, Abhängigkeit oder Dankbarkeit zu vermeiden.

Verdichtung
Bei diesem unbewußten Vorgang werden mehrere Vorstellungen, die in einer Assoziationskette miteinander verbunden sind, durch eine einzige Vorstellung vertreten. Ein solches Phänomen findet sich zum Beispiel in Träumen, in denen eine »Sammelperson« verschiedene Menschen zugleich repräsentiert, oder in einem Versprecher (➔ Fehlleistung).

Verdrängung
Entgegen der Redewendung »Das muß ich wohl bewußt verdrängt haben« ist der Vorgang der Verdrängung – wie jeder Abwehrmechanismus – als unbewußt anzusehen. Die bei der Verdrängung erfolgende Entfernung von Inhalten aus dem Bewußtsein wird von dem Betroffenen nicht realisiert. Sie ist eine seelische Operation, mit der das Subjekt versucht, beispielsweise peinliche oder verbotene Vorstellungen (Gedanken, Bilder, Erinnerungen) ins Unbewußte zurückzudrängen oder dort festzuhalten. Sie setzt zum Beispiel in solchen Fällen ein, in denen die Befriedigung eines Triebes Gefahr läuft, im Hinblick auf andere Forderungen (zum Beispiel des Über-Ich) Unlust hervorzurufen.

Vereinigte-Eltern-Figur
Die psychoanalytische Schule Melanie Kleins nimmt an, daß das Kind anfänglich nicht differenziert zwischen Eigenschaften der Mutter und des Vaters unterscheiden kann. Angsterregende Mischbilder kommen vor. Es wird auch angenommen, daß das Kind sehr früh Phantasien über die Beziehungen der Eltern untereinander entwickelt. Da die Fähigkeit zur Wahrnehmung getrennter Objekte noch nicht ausreichend entfaltet ist, kann der Säugling den Verkehr zwischen seinen Eltern, von dem er sich ausgeschlossen fühlt, sich nur als Aktivität eines vereinigten elterlichen Objekts vorstellen.
Siehe auch: Ödipuskomplex, früher oder prägenitaler; Triangulierung; Urszene

Verkehrung ins Gegenteil
Durch diesen unbewußten seelischen Mechanismus wird ein Impuls oder ein Affekt in sein Gegenteil verwandelt, zum Beispiel von der Passivität zur Aktivität. Statt sich zu schämen, kann beispielsweise eine Person versuchen, eine andere zu verspotten, kleinzumachen, vorzuführen und ähnliches mehr (➜ Verächtlichmachung, Verachtung).

Die Verkehrung ins Gegenteil steht in engem Zusammenhang mit den Mechanismen der ➜ Wendung gegen die eigene Person und der ➜ Reaktionsbildung.

Verleugnung
Bei der Verleugnung handelt es sich um einen unbewußten Abwehrmechanismus, bei dem schmerzhafte Erfahrungen, ein Wunsch, Sinneseindrücke oder ein Selbstaspekt psychisch abgestritten werden. Oft besteht die Verleugnung in einer Weigerung des Subjekts, die Realität einer traumatisierenden Wahrnehmung anzuerkennen, zum Beispiel, indem es nicht an den Tod eines geliebten Objekts glauben will. Die Verleugnung spielt eine wichtige Rolle in der Anfangsphase eines Trauerprozesses.

Verleugnung ist auch ein Hauptbestandteil der manischen Abwehr.

Verneinung
Ein unbewußter Prozeß, durch den eine Wahrnehmung oder ein Gedanke in verneinter Form im Bewußtsein auftritt. Ein Beispiel wäre, wenn jemand denkt, wie gut es sei, schon so lange frei von Kopfschmerzen zu sein, und sie dann bekommt.

Verschiebung
Die Verschiebung ist ein unbewußter Entstellungsprozeß, der einen Kompromiß zwischen unbewußten Inhalten und vorbewußten oder bewußten Gedanken beinhaltet. Durch diesen Vorgang wird die Aufmerksamkeit von einer sehr bedrohlichen Vorstellung auf eine weniger bedrohliche verschoben. Die »freie« Verschiebung der Energie ist eine der Haupteigenschaften des Primärvorgangs, der das Funk-

tionieren des unbewußten Systems beherrscht. Ein solches Phänomen läßt sich in der Traumanalyse und bei der Ausbildung von Symptomen feststellen.

Siehe auch: Primärprozeß

Verstehen, szenisches
Der von Hermann Argelander und Alfred Lorenzer eingeführte Begriff versucht die spezifische Wahrnehmungsorientierung des Psychoanalytikers auf die lebensgeschichtlichen, internalisierten Beziehungsszenen und deren Wiederaufleben im Übertragungs-Gegenübertragungsgeschehen zu beschreiben. Im Gegensatz zum logischen Verstehen ist das hermeneutische Ziel eines psychoanalytischen Dialogs ein Zugänglichwerden der unbewußten, verinnerlichten dynamischen Interaktionsvorgänge.

Siehe auch: Reinszenierung; Szene

Vorbewußtes
Siehe: Modell, topisches

Wahres Selbst
Siehe: Selbst, Wahres

Wahrnehmung
Beschreibt den seelischen Vorgang des Registrierens von inneren und äußeren Erfahrungen durch die Sinnesorgane und des geistigen Einordnens und Niederlegens dieser Erfahrungen in inneren Bildern und Gefühlen. Die Wachheit und Bewußtheit gegenüber den Wahrnehmungen wird als »Bewußtsein« bezeichnet. Bewußtsein kann durch Introspektion erweitert werden.

Wendung gegen die eigene Person
Mit diesem Mechanismus wird ein Impuls, der ursprünglich einer anderen Person galt, unbewußt gegen einen selbst gewendet. Ein Beispiel wäre ein Jugendlicher, der sich nach einem Streit mit der Mutter unbewußt eine Verletzung zufügt.

Siehe auch: Selbstverletzung; Autoaggression

Widerstand
Als behandlungstechnischer Begriff umfaßt er alle unbewußten seelischen Bewegungen, die dem Prozeß des Bewußtwerdens der unbewußten Bereiche entgegenwirken. Der Widerstand dient dem Aufrechterhalten des seelischen Gleichgewichts (➜ Homöostase), das beispielsweise durch die Entwicklung einer seelischen Erkrankung, durch die neurotische Konfliktverarbeitung und Symptombildung hergestellt worden ist. Der Widerstand verweist auf das Vorhandensein und Wirksamwerden von Ich-Funktionen und ist insofern ein positiver Indikator für die mögliche psychotherapeutische Behandlung (➜ Ich-Stärke). Die Arbeit am oder im Widerstand gehört zu den wesentlichen Aspekten des psychoanalytischen Prozesses. Manche Autoren halten den Widerstand für ein Kunstprodukt, das durch Behandlungsfehler des Therapeuten hervorgerufen wird.
Siehe auch: Negative therapeutische Reaktion

Wiedergutmachung
Beschreibt die Bemühungen des Individuums, das, was in der Phantasie oder der Realität beschädigt oder zerstört worden ist, wiederherzustellen. Nach Auffassung der Objektbeziehungstheoretiker ist die Tendenz zur Wiedergutmachung angeboren. Die Funktion der Wiedergutmachung setzt eine gewisse Differenzierung zwischen dem Selbst und dem Objekt, die Fähigkeit zur ➜ Besorgnis, zum Schuldempfinden oder in der Terminologie Melanie Kleins zur ➜ depressiven Position voraus. Nach Donald W. Winnicott ist die Erfahrung von Wiedergutmachungsmöglichkeiten die Bedingung zum Annehmen und Integrieren der eigenen Aggressivität und Destruktivität. Die Wiedergutmachungserfahrung vermag Schuldgefühle zu lindern und auch einen Beitrag zur Kreativität zu leisten.

Wiederholung
Die Wiederholung spielt sowohl in der Entwicklung jedes Individuums als auch in der Psychotherapie eine bedeutsame Rolle (➜ Wiederholungsprinzip).
Die Wiederholung gleicher Erfahrungen (zum Beispiel:

Stillen, Spielen, Märchen, Rituale) trägt zu einem grundsätzlichen Gefühl der Sicherheit in einer sich ständig verändernden Mitwelt, zum »Urvertrauen«, bei. Die aus Gründen der Abwehr oder auch Bewältigung unverarbeiteter Traumata und ungelöster Konflikte unbewußt inszenierte Wiederholung von Handlungen oder Beziehungskonstellationen steht unter dem → Wiederholungszwang.

Wiederholungsprinzip
Im Gegensatz zum »Wiederholungszwang« mit seinen teilweise pathologischen Aspekten versucht dieser Begriff die entwicklungsnotwendigen und therapieförderlichen Aspekte der Wiederholung als eine Möglichkeit der präverbalen Kommunikation aufzugreifen. Wiederholung ist ein wichtiges versicherndes Element von Kinderspielen, Märchen und Ritualen.

Wiederholungszwang
Unter klinischem Aspekt ist der Wiederholungszwang die unbewußte Tendenz, das Trauma oder den Konflikt unausweichlich zwanghaft zu reinszenieren, ohne einen Zusammenhang zwischen aktuellen Erfahrungen und vergangenen Ereignissen herstellen und wahrnehmen zu können. In therapeutischer Sichtweise ist das Wiederholen von Konflikten in der Behandlungsbeziehung ein unumgänglicher Teil, der zum Gelingen eines Psychotherapieprozesses beiträgt. Denn das, was in der Therapeut-Patient-Beziehung konflikthaft in Szene gesetzt wird, zeigt ein Problem an, das damit einer Bearbeitung (→ Durcharbeiten) zugänglich wird. Der Wiederholungszwang kann auch darauf verweisen, daß derzeit noch keine Fähigkeiten für bessere Lösungen zur Verfügung stehen. Er kann außerdem eine Möglichkeit darstellen, bislang nicht Verstandenes zu kommunizieren. Das sich im Wiederholungszwang offenbarende »Wiederholungsprinzip« dient somit grundlegend dem therapeutischen Prozeß.

Wiederkehr des Verdrängten
Dieses Konzept soll Phänomene erfassen, die durch den unbewußten Druck hervorgerufen werden, mit dem das vor

dem Bewußtsein Verdrängte (beispielsweise Konflikte, Traumata) dahin tendiert, sich doch zum Ausdruck zu bringen (zum Beispiel in Symptomen, Fehlleistungen, neurotischen Beziehungskonstellationen oder Träumen). Die verdrängten Inhalte erscheinen häufig in durch sekundäre seelische Bearbeitung verzerrter Form als Kompromißbildungen. Das Phänomen steht in deutlichem Zusammenhang mit dem »Wiederholungszwang«.

Wortvorstellung
Die Vorstellung eines Bildes, das mit einem Wort verknüpft ist. Vorbewußte oder bewußte Inhalte stehen in Zusammenhang mit Wortvorstellungen, während unbewußte Inhalte als Dingvorstellungen bestehen. Wortvorstellungen können nur in der Interaktion mit anderen entwickelt werden.
  Siehe auch: Sachvorstellung/Dingvorstellung

Wut, narzißtische
Die Selbst-Psychologie betrachtet die Aggression nicht als Ausdruck eines angeborenen Triebes, sondern als Reaktion auf eine aktuelle oder chronische Frustration der narzißtischen Bedürfnisse des Selbst. Die »narzißtische Wut« zeigt ein breites Spektrum an Äußerungsformen, zum Beispiel Rachedurst, Bedürfnis nach Korrektur eines Unrechts, Bestreben, eine Beleidigung auszumerzen, zwanghaftes Gerechtigkeitsbedürfnis, gewalttätige Aggression und vieles andere mehr. Die destruktive Wut, die sich gegen ein bedrohliches Selbstobjekt richtet, ist in dieser Vorstellung immer in einer vorausgegangenen Kränkung oder Verletzung des Selbst, zum Beispiel einer Beschämung, begründet.

Zwang
Dieser Begriff bezieht sich auf Verhaltens-, Denk- und Erlebnisweisen, die für den Betroffenen insofern unvermeidlich sind, als ein Verzicht darauf oder eine Nichterfüllung unaushaltbare Angst- und unerträgliche Unlusterfahrungen hervorrufen würde. Zwanghafte Phänomene erstrecken sich von kurzfristigen, zum Teil sogar möglicherweise

berufsbedingt erwünschten, »normalen« Reaktions- und Verhaltensweisen (beispielsweise Gefühl für Rhythmus, Rituale) bis hin zu verfestigten Krankheitserscheinungen (zum Beispiel → Zwangsneurose oder zwanghafte → Charakterstörungen).

Zwangsneurose
Ein Krankheitsbild, in dessen Zentrum als Symptom der Zwang steht, bestimmte Denk-, Erlebens- oder Handlungsmuster unbedingt tun zu müssen, weil sonst unaushaltbare Angstgefühle und unerträgliche Unlustempfindungen ausgelöst werden.

Zwangssymptomatik
Erfaßt die Spezifität der Symptome bei einer Zwangserkrankung wie zum Beispiel der Zwangsneurose. Zwangsphänomene lassen sich aber nicht nur bei den Neurosen, sondern beispielsweise auch bei Frühstörungen oder bei Psychosen beobachten. Zwangsphänomene können den unbewußten Versuch ausdrücken, eine Fragmentierung, Depersonalisierung, Dekompensation oder Destruktion zu vermeiden, indem eine zwanghafte Kontrolle oder ein »zwanghaftes Zusammenhalten« ausgeübt wird. Insofern kann auch die Entwicklung einer Zwangssymptomatik eine bedeutsame ich-stabilisierende und selbsterhaltende (Hans Quint) Funktion beinhalten.

Literaturhinweise

Abram, J. (1996): The Language of Winnicott. London.
Ahrens, S. (Hg.; 1997): Lehrbuch der psychotherapeutischen Medizin. Stuttgart/New York.
Anderson, R. (Hg.; 1992): Clinical Lectures on Klein and Bion. London/New York.
Anzieu, D. (1991): Das Haut-Ich. Frankfurt a. M.
Arlow, J. A.; Brenner, C. (1976): Grundbegriffe der Psychoanalyse. Reinbek.
Auchter, T. (1978): Die Suche nach dem Vorgestern. Trauer und Kreativität. In: Psyche 32, 52–77.
Auchter, T. (1982): Psychoanalyse im Übergang. In: Krejci, E.; Bohleber, W. (Hg.; 1982): Spätadoleszente Konflikte. Göttingen, 150–183.
Auchter, T. (1987): »Sich weigern, Gott zu sein«. Zur Psychoanalyse der Friedlosigkeit. In: Psyche 41, 641–673.
Auchter, T. (1990): Das fremde eigene Böse. Zur Psychoanalyse von Fremdenhaß und Fremdenfeindlichkeit. In: Universitas 45, 1125–1137.
Auchter, T. (1996): Von der Unschuld zur Verantwortung. In: Schlagheck, M. (1996): Theologie und Psychologie im Dialog über die Schuld. Paderborn, 41–138.
Auchter, T. (1999): Grundstörung. In: Mertens, W.; Waldvogel, B. (Hg.; 1999): Handbuch psychoanalytischer Grundbegriffe. Stuttgart/Berlin/Köln/Mainz, 258–262.
Auchter, T. (2002a): Über das Auftauen eingefrorener Lebensprozesse. Zur Relevanz der psychoanalytischen Konzepte von D. W. Winnicott für die Psychotherapie und die Sozialtherapie. In: Eggebrecht, F.; Pehl, T. (Hg.; 2002), Chaos und Beziehung. Tübingen, 21–51.
Auchter, T. (2002b): Winnicott – oder: Die Sehnsucht, wirklich lebendig zu werden. In: Luzifer-Amor 30, 7–45.
Auchter, T.; Hilgers, M. (1994): Delinquenz und Schamgefühl. In: Monatsschr. f. Kriminologie u. Strafrechtsreform 77, 102–112.
Bacal, H. A.; Newman, K. M. (1994): Objektbeziehungstheorien – Brücken zur Selbstpsychologie. Stuttgart/Bad Cannstatt.

Balint, M. (1966): Die Urformen der Liebe und die Technik der Psychoanalyse. Stuttgart.
Bauriedl, T. (1984): Beziehungsanalyse. Frankfurt a. M.
Bell, K.; Höhfeld, K. (Hg.; 1995): Psychoanalyse im Wandel. Giessen.
Benjamin, J. (1993): Die Fesseln der Liebe. Psychoanalyse, Feminismus und das Problem der Macht. Frankfurt a. M.
Bion, W. R. (1990): Lernen durch Erfahrung. Frankfurt a. M.
Blos, P. (1993): Adoleszenz. Stuttgart.
Bott Spillius, E. (Hg.; 1990): Melanie Klein heute. Band 1. Beiträge zur Theorie. München/Wien.
Bott Spillius, E. (Hg.; 1995): Melanie Klein heute. Band 2. Anwendungen. München/Wien.
Bowlby, J. (1984): Bindung. Eine Analyse der Mutter-Kind-Beziehung. Frankfurt a. M.
Brenner, C. (1972): Grundzüge der Psychoanalyse. Frankfurt a. M.
Chasseguet-Smirgel, J. (Hg.; 1974): Psychoanalyse der weiblichen Sexualität. Frankfurt a. M.
Chasseguet-Smirgel, J. (1988): Zwei Bäume im Garten. Zur psychischen Bedeutung der Vater- und Mutterbilder. München/Wien.
Cremerius, J. (1984): Vom Handwerk des Psychoanalytikers. Das Werkzeug der psychoanalytischen Technik. Band 1 u. 2. Stuttgart/Bad Cannstatt.
Davis, M.; Wallbridge, D. (1983): Eine Einführung in das Werk von D. W. Winnicott. Stuttgart.
Deserno, H. (1994): Die Analyse und das Arbeitsbündnis. Kritik eines Konzepts. Frankfurt a. M.
Dornes, M. (1993): Der kompetente Säugling. Die praeverbale Entwicklung des Menschen. Frankfurt a. M.
Dornes, M. (1997): Die frühe Kindheit. Entwicklungspsychologie der ersten Lebensjahre. Frankfurt a. M.
Doucet, F. W.(1976): Psychoanalytische Begriffe. München.
Drews, S.; Brecht, K. (1982): Psychoanalytische Ich-Psychologie. Frankfurt a. M.
Eagle, M. E. (1988): Neuere Entwicklungen in der Psychoanalyse. München/Wien.
Erikson, E. H. (1970): Identität und Lebenszyklus. Frankfurt a. M.
Ferenczi, S. ([1932] 1988): Ohne Sympathie keine Heilung. Frankfurt a. M.
Freud, A. (1946): Das Ich und die Abwehrmechanismen. Frankfurt a. M.
Freud, S. (1904): Zur Psychopathologie des Alltagslebens. Frankfurt a. M.
Freud, S. (1912/13): Totem und Tabu. Frankfurt a. M.
Freud, S. (1921): Massenpsychologie und Ich-Analyse. Frankfurt a. M.

Freud, S. (1924): Kurzer Abriß der Psychoanalyse. Frankfurt a. M.
Freud, S. (1927): Die Zukunft einer Illusion. Frankfurt a. M.
Freud, S. (1930): Das Unbehagen in der Kultur. Frankfurt a. M.
Freud, S. (1938): Abriß der Psychoanalyse. Frankfurt a. M.
Gill, M. M. (1996): Die Übertragungsanalyse. Theorie und Technik. Frankfurt a. M.
Green, A. (1990): La folie privée. Psychanalyse des cas-limites. Paris.
Greenson, R. R. (1973): Technik und Praxis der Psychoanalyse. Stuttgart.
Grinberg, L. u. a. (1993): W. R. Bion. Eine Einführung. Stuttgart/Bad Cannstatt.
Grunberger, B. (1977): Vom Narzißmus zum Objekt. Frankfurt a. M.
Harmat, P. (1988): Freud, Ferenczi und die ungarische Psychoanalyse. Tübingen.
Hartmann, H. (1972): Ich-Psychologie. Stuttgart.
Haynal, A. (1989): Die Technik-Debatte in der Psychoanalyse. Freud, Ferenczi, Balint. Frankfurt a. M.
Henseler, H. (1974): Narzißtische Krisen. Zur Psychodynamik des Selbstmords. Reinbek.
Henseler, H.; Reimer, C. (1981): Selbstmordgefährdung. Zur Psychodynamik und Psychotherapie. Stuttgart-Bad Cannstatt.
Henseler, H.; Wegener, P. (Hg.; 1993): Psychoanalysen, die ihre Zeit brauchen. Opladen.
Hilgers, M. (1996): Scham. Gesichter eines Affekts. Göttingen/Zürich.
Hinshelwood, R. D. (1993): Wörterbuch der Kleinianischen Psychoanalyse. Stuttgart.
Hinshelwood, R. D. (1994): Clinical Klein. London.
Hirsch, M. (1997): Schuld und Schuldgefühl. Göttingen/Zürich.
Jacobson, E. (1973): Das Selbst und die Welt der Objekte. Frankfurt a. M.
Kapfhammer, H. P. (1985): Psychoanalytische Psychosomatik. Berlin/Heidelberg/New York/Tokyo.
Kennel, R.; Reerink, G. (Hg.; 1997): Klein – Bion. Eine Einführung. Tübingen.
Kernberg, O. F. (1978): Borderline-Störungen und pathologischer Narzißmus. Frankfurt a. M.
Kernberg, O. F. (1981): Objektbeziehungen und Praxis der Psychoanalyse. Stuttgart.
Kernberg, O. F. (1988): Schwere Persönlichkeitsstörungen. Stuttgart.
Khan; M. R. (1990): Erfahrungen im Möglichkeitsraum. Frankfurt a. M.

Klauber, J. (1980): Schwierigkeiten in der analytischen Begegnung. Frankfurt a. M. .
Koehler, T. (1987): Das Werk Sigmund Freuds. Eschborn.
Koehler, T. (1989): Abwege der Psychoanalyse-Kritik. Frankfurt a. M.
Kohut, H. (1973): Narzißmus. Frankfurt a. M.
Kohut, H. (1979): Die Heilung des Selbst. Frankfurt a. M.
Kutter, P. (1977): Psychoanalyse im Wandel. Frankfurt a. M.
Kutter, P. (1984): Psychoanalyse in der Bewährung. Frankfurt a. M.
Kutter, P. (1989): Moderne Psychoanalyse. München/Wien.
Kutter, P. u. a. (Hg.; 1995): Der therapeutische Prozeß. Psychoanalytische Theorie und Methode in der Sicht der Selbstpsychologie. Frankfurt a. M.
Kutter, P. u. a. (Hg.; 1998): Weltanschauung und Menschenbild. Einflüsse auf die psychoanalytische Praxis. Göttingen.
Laplanche, J.; Pontalis, J.-B. (1972): Das Vokabular der Psychoanalyse. Frankfurt a. M.
Laufer, M.; Laufer, M. (1989): Adoleszenz und Entwicklungskrise. Stuttgart.
Lichtenberg, J. D. (1991): Psychoanalyse und Säuglingsforschung. Berlin/Heidelberg/New York/Tokyo.
Loch, W. (Hg.; 1999): Die Krankheitslehre der Psychoanalyse. Stuttgart.
Lohmann, H. M. (Hg.; 1983): Das Unbehagen in der Psychoanalyse. Frankfurt a. M./Paris.
Lohmann, H. M. (Hg.; 1984): Die Psychoanalyse auf der Couch. Frankfurt a. M./Paris.
Luborsky, L. (1995): Einführung in die analytische Psychotherapie. Göttingen/Zürich.
Mahler, M. u. a. (1975): Die psychische Geburt des Menschen. Frankfurt a. M.
Mentzos, S. (1982): Neurotische Konfliktverarbeitung. München.
Mentzos, S. (1988): Interpersonale und institutionalisierte Abwehr. Frankfurt a. M.
Mertens, W. (1981): Psychoanalyse. Stuttgart/Berlin/Köln/Mainz.
Mertens, W. (Hg.; 1983): Psychoanalyse. Ein Handbuch in Schlüsselbegriffen. München/Wien/Baltimore.
Mertens, W. (1990/1991): Einführung in die psychoanalytische Psychotherapie 1-3. Stuttgart.
Mertens, W. (1992): Kompendium psychoanalytischer Grundbegriffe. München.
Mertens, W. (Hg.; 1993): Schlüsselbegriffe der Psychoanalyse. Stuttgart.
Mertens, W. (Hg.; 1997): Der Beruf des Psychoanalytikers. Stuttgart.

Mertens, W. (1997): Psychoanalyse. Geschichte und Methoden. München.
Minden, G. v. (1988): Der Bruchstück-Mensch. Psychoanalyse des frühgestört-neurotischen Menschen der technokratischen Gesellschaft. München/Basel.
Mitscherlich, A. (1980): Ein Leben für die Psychoanalyse. Frankfurt a. M.
Mitscherlich, A.; Mitscherlich, M. (1967): Die Unfähigkeit zu trauern. München.
Moore, B. E.; Fine, B. D. (Hg.; 1990): Psychoanalytic Terms and Concepts. New Haven/London.
Morgenthaler, F. (1978): Technik. Zur Dialektik der psychoanalytischen Praxis. Frankfurt a. M.
Morgenthaler, F. (1984): Homosexualität, Heterosexualität, Perversion. Frankfurt a. M./Paris.
Morgenthaler, F. (1986): Der Traum. Frankfurt a. M./New York.
Moser, T. (1987): Der Psychoanalytiker als sprechende Attrappe. Frankfurt a. M.
Muck, M. u. a. (1974): Information über Psychoanalyse. Frankfurt a. M.
Müller-Pozzi, H. (1991): Psychoanalytisches Denken. Bern/Stuttgart/Toronto.
Nagera, H. (1974): Psychoanalytische Grundbegriffe. Frankfurt a. M.
Ogden, T. (1995): Frühe Formen des Erlebens. Wien/New York.
Pine, F. (1990): Die vier Psychologien der Psychoanalyse und ihre Bedeutung für die Praxis. In: Forum der Psychoanalyse 6, 232–249.
Quint, H. (1984): Der Zwang im Dienste der Selbsterhaltung. In: Psyche 38, 717–737.
Racker, H. (1978): Übertragung und Gegenübertragung. München.
Rapaport, D. (1959): Die Struktur der psychoanalytischen Theorie. Stuttgart.
Richter, H. E. (1963): Eltern, Kind, Neurose. Stuttgart.
Richter, H. E. (1970): Patient Familie. Reinbek.
Richter, H. E. (1979): Der Gotteskomplex. Reinbek.
Richter, H. E. (1993): Wer nicht leiden will, muß hassen. Zur Epidemie der Gewalt. Hamburg.
Rohde-Dachser, C. (1991): Expedition in den dunklen Kontinent. Weiblichkeit im Diskurs der Psychoanalyse. Berlin/Heidelberg/New York.
Rosenfeld, H. A. (1981): Zur Psychoanalyse psychotischer Zustände. Frankfurt a. M.
Rycroft, C. (1995): Dictionary of Psychoanalysis. London.
Sandler, J. (1960): Zum Begriff des Über-Ich. In: Psyche 18, 721–734.

Sandler, J. (1961): Sicherheitsgefühl und Wahrnehmungsvorgang. In: Psyche 15, 124–131.
Sandler, J.; Dare, C.; Holder, A. (1979): Die Grundbegriffe der psychoanalytischen Psychotherapie. Stuttgart.
Schmidbauer, W. (1977): Hilflose Helfer. Über die seelische Problematik der helfenden Berufe. Reinbek.
Schöttler, C.; Kutter, P. (1992): Sexualität und Aggression aus der Sicht der Selbstpsychologie. Frankfurt a. M.
Schur, M. (1973): Das Es und die Regulationsprinzipien des psychischen Geschehens. Frankfurt a. M.
Schur, M. (1977): Sigmund Freud, Leben und Sterben. Frankfurt a. M.
Segal, H. (1983): Melanie Klein. Ein Einführung in ihr Werk. Frankfurt a. M.
Spielrein, S. (1912): Die Destruktion als Ursache des Werdens. Tübingen, 1986.
Stern, D. N. (1993): Die Lebenserfahrung des Säuglings. Stuttgart.
Stern, H. (1983): Die Couch. Ihre Bedeutung für die Psychotherapie. Frankfurt a. M.
Stierlin, H. (1971): Das Tun des Einen ist das Tun des Anderen. Frankfurt a. M.
Stierlin, H. (1978): Delegation und Familie. Frankfurt a. M.
Stone, L. (1973): Die psychoanalytische Situation. Frankfurt a. M.
Strauss, L. V. (1997a): Psychoanalytisches Glossar. In: Winkler, B. (Hg.; 1997): Die Täter-Opfer-Falle. Journalisten und Psychoanalytiker im Gespräch über Rechtsradikalismus und Fremdenfeindlichkeit. Freudenberg Stiftung. Weinheim, S. 203–228.
Strauss, L. V. (1997b): Negative Therapeutische Reaktion: negative therapeutische Gegenreaktion? In: Z. f. psychoanal. Theorie und Praxis XII, 392–403.
Streeck, U.; Werthmann (Hg.; 1990): Herausforderungen für die Psychoanalyse. München.
Thomae, H.; Kächele, H. (Hg.; 1985): Lehrbuch der psychoanalytischen Therapie. 1. u. 2. Berlin/Heidelberg/New York/Tokyo.
Wahl, H. (1985): Narzißmus? Stuttgart/Berlin/Köln/Mainz.
Winnicott, D. W. (1973): Vom Spiel zur Kreativität. Stuttgart.
Winnicott, D. W. (1988): Aggression. Stuttgart.
Winnicott, D. W. (1994): Die menschliche Natur. Stuttgart.
Wolf, E. S. (1996): Theorie und Praxis der psychoanalytischen Selbstpsychologie. Frankfurt a. M.
Wolf, E. S. u. a. (1989): Selbstpsychologie. Weiterentwicklungen nach Heinz Kohut. München/Wien.
Wurmser, L. (1990): Die Maske der Scham. Berlin/Heidelberg/New York/London/Paris/Tokyo/Hong Kong.
Zetzel, E. (1974): Die Fähigkeit zu emotionalem Wachstum. Stuttgart.

Stichwortregister

Hinweis: Hauptstichwörter und die zugehörigen Seitenangaben sind in normaler Schrift dargestellt. Stichwörter, die nur innerhalb anderer Begriffserklärungen auftauchen, sind im Register einschließlich der Seitenangaben durch *kursive* Schrift gekennzeichnet. Hauptstichwörter, die zusätzlich innerhalb anderer Begriffserklärungen erscheinen, sind mit weiteren Seitenangaben ebenfalls in kursiver Schrift versehen.

Abhängigkeit 42, 50, 51, 104, 110, 123, 173
Abstinenz 29, *13, 24, 113*
Abwehr, institutionalisierte 29, *66*
Abwehr, interpersonale 29, *66*
Abwehrmechanismen 30, *17, 20, 21, 24, 31, 47, 48, 53, 61, 76, 83, 84, 85, 112, 155*
Abwehrmechanismen, frühe oder primitive 70, *69, 123*
Abwehrmechanismen, manische 104, *57, 173, 175*
Abwehrmechanismen, paranoide 124, *57*
Acting out/acting in 31, *36*
Adoleszenz 32, *18, 64, 73, 100, 140*
Äußeres Objekt 114, *18, 19*
Affekt 32, *30, 31, 33, 34, 36, 39, 47, 49, 51, 61, 65, 78, 83, 92, 95, 96, 98, 107, 137, 142, 144, 147, 164, 175*
Affektansteckung 33
Affekt-Attunement 34, *62, 120*
Affektregulierung 34
Aggression 34, *17, 30, 39, 44,*
55, 56, 58, 75, 78, 88, 97, 107, 111, 125, 133, 146, 159, 164, 167, 176, 179
Aggressionstrieb 167
Aggressor, Identifizierung mit dem 31, 88
Agieren 35, *31, 42, 66, 132*
Agoraphobie 36, *130*
Aktualneurose 36
Allmacht 37, 122, *37, 39, 76, 121, 122, 143, 171*
Allmacht der Gedanken 37, *39, 76, 122, 171*
Als-ob-Persönlichkeit 37, *150*
Ambivalenz 38, *20, 39, 47, 50, 55, 116, 117, 162, 173*
Amnesie 38, 53
Analer Charakter 50
Analität/anale Phase 38, *39, 50, 63, 64, 69, 133, 146, 154*
Analysand 39, *9, 13, 14, 15, 22, 23, 26, 31, 41, 42, 99, 113, 134, 150*
Analytische Psychotherapie 139, *95*
Anamnese 22, 61, 65
Anankastisch 39, 179

Anerkennung 17, *107, 127, 154, 156*
Angst *39, 30, 33, 36, 49, 51, 55, 56, 67, 68, 69, 70, 80, 81, 82, 87, 96, 97, 102, 114, 130, 133, 142, 144, 147, 155, 169, 173, 179, 180*
Angstneurose 40, *36, 37, 97, 130*
Angstsignal 169
Anonymität 41
Anorexie 51
Anpassung 17, *34, 41, 47, 53, 83, 84, 91, 108, 150*
Anpassungsmechanismen 41, *47, 53, 83, 84*
Antwort *18, 19, 20, 25, 33, 34, 106, 154, 155*
Apparat, psychischer 41, *48, 91, 107, 170*
Arbeitsbündnis 41, *86*
Assoziation, freie 42, *13, 15, 59, 76, 156, 160, 165*
Aufmerksamkeit 22, *39, 46, 48, 148, 175*
Aufmerksamkeit, gleichschwebende 42, *13, 59, 113*
Autismus 43
Autistisch-berührende Position 43, *77, 123, 125, 131*
Autoaggression 44, *55, 159, 176*
Autoerotik 44
Autonomie 45, *83, 103*
Autorität 45, *31, 84, 88*

Balintgruppe 46, *94*
Bearbeitung, sekundäre 46, *166, 179*
Bedeutung 12, *14, 20, 22, 52, 59, 65, 90, 106, 109, 127, 141, 144, 156, 195*
Bedürfnis 17, *18, 43, 71, 76, 77, 98, 99, 106, 107, 112, 114, 117, 122, 133, 161, 164, 179*

Befriedigung 17, *29, 36, 44, 53, 56, 68, 71, 75, 78, 97, 99, 101, 104, 106, 107, 110, 114, 117, 122, 125, 128, 141, 146, 153, 172, 174*
Behandlung 8, *11, 15, 19, 22, 23, 25, 26, 29, 31, 35, 36, 39, 42, 52, 60, 61, 62, 65, 72, 77, 78, 79, 89, 90, 92, 95, 98, 100, 102, 109, 110, 113, 119, 127, 130, 135, 137, 139, 140, 141, 150, 153, 155, 169, 173, 177, 178*
Behandlungsrahmen 140, *29, 42, 76, 153, 173*
Besetzung 46, *47, 102, 141, 165*
Besorgnis 47, *55, 62, 78, 86, 102, 104, 173, 177*
Bestätigung 34, 74, 127, 151, 154, 156
Bewältigung 20, *21, 40, 41, 47, 53, 57, 61, 67, 73, 80, 84, 85, 91, 95, 98, 100, 105, 119, 121, 144, 156, 157, 162, 170, 178*
Bewältigungsmechanismen 47, *17, 41, 83, 84, 85, 166*
Bewußtsein/Bewußt(es) 48, *14, 16, 17, 18, 24, 30, 31, 40, 41, 43, 59, 61, 65, 66, 68, 72, 76, 85, 89, 90, 92, 98, 104, 107, 113, 132, 139, 141, 145, 147, 148, 160, 169, 170, 171, 174, 175, 176, 179*
Beziehung 13, *14, 17, 18, 19, 22, 24, 25, 29, 31, 34, 37, 43, 45, 49, 51, 54, 56, 69, 73, 78, 90, 95, 98, 101, 110, 117, 118, 120, 121, 131, 143, 146, 151, 156, 158, 159, 160, 161, 162, 166, 167, 170, 172, 176, 178, 179*
Beziehung, therapeutische 29, *41, 42, 46, 59, 60, 61, 65, 66, 113, 140, 162, 178*

Beziehungsanalyse 99, 119
Bipolares Selbst 149, *63*
Bisexualität 48, *80*
Böse(s) 49, 50, 56, 70, 87, 90, 111, 115, 116, 117, 124, 125, 130, 155
Borderline-Persönlichkeitsorganisation 48, *22, 35, 49, 71, 113, 130*
Brust 50, *34, 64, 116, 117, 118, 124, 125, 155*
Bulimie 51

Charakter 50, *88, 93, 105, 110*
Charakter, analer 50
Charakter, hysterischer 82
Charakter, oraler 51
Charakter, phallischer 129
Charakterstörung 51, *48*
Container, Contained, Containing 51, *53, 60, 67, 105, 108, 145, 160, 166*
Coping 53, *47*
Couch 23, 153

Dankbarkeit 53, *173*
Deckerinnerung 53
Dekompensation 54, *180*
Delegation 54, *30, 66, 126*
Denken 12, 13, 17, 37, 38, 49, 52, 65, 85, 100, 105, 106, 122, 132, 136, 137, 142, 145, 148, 160, 161, 175, 179, 180
Depersonalisierung 54, *180*
Depression 55, *27, 40, 51, 55, 71, 102, 103, 104f., 127, 137*
Depressive Position 55, *38, 56, 57, 104, 117, 126*
Deprivation 57, *71*
Desidentifizierung 57
Desillusionierung 58, *63*
Desintegration 61, 69, 91
Destruktion 58, *27, 31, 35, 44, 47, 53, 56, 67, 71, 87, 110, 111, 123, 124, 125, 133, 164, 167, 177, 179, 180*
Destruktionstrieb 58, 164, 167
Determiniertheit, mehrfache 59, *165*
Determiniertheit, psychische 59, *14, 83, 161*
Determinierung 59
Deutung 59, *14, 60, 61, 66, 72, 93, 109, 111, 134, 139, 155, 157, 160, 165, 170*
Deutung, genetische 60
Deutung, Übertragungs- 60, *170*
Diagnose 60, *23, 46, 48, 65, 76, 89, 138*
Dingvorstellung 61, *146, 179*
Dissozialität 71, 74
Dissoziation 61
Durcharbeiten 61, *24, 25, 36, 46, 62, 76, 164, 178*

Einfälle, freie 62, *42, 13, 14, 24, 42, 72, 76, 94*
Einfühlung 62, *19, 33, 34, 63, 102, 108, 120, 145*
Einsicht 62, *24, 25, 58, 60, 61, 94, 95, 110*
Einverleibung 75, 90, 93, 124
Elternimago, idealisierte 62, *63, 87, 149, 170*
Emotion 9, 12, 19, 32, 39, 43, 46, 47, 57, 60, 61, 62, 71, 75, 96, 115, 116, 134, 137, 155, 163
Empathie 62, *15, 25, 63, 133, 155, 170*
Entidealisierung 63, *58, 87*
Entwertung 110, 173
Entwicklung 11, 18, 19, 22, 25, 29, 34, 37, 38, 40, 47, 50, 57, 63, 64, 66, 71, 73, 77, 80, 84, 88, 90, 93, 98, 99, 100, 102, 103, 108, 109, 113, 119, 123,

126, 129, 130, 131, 132, 137, 140, 142, 145, 150, 151, 162, 168, 178
Entwicklung, libidinöse infantile 63
Entwicklung, psychosexuelle 64, *38, 73, 80, 100, 123, 146, 154*
Ergänzungsreihe 64, *18, 118, 136*
Erinnerung 14, 24, 25, 35, 36, 38, 46, 53, 59, 61, 90, 99, 144, 163, 165, 171, 174
Erkrankung 18, 20, 21, 22, 25, 31, 36, 37, 40, 48, 51, 55, 57, 60, 71, 79, 81, 85, 89, 91, 92, 103, 104, 112, 114, 126, 134, 135, 136, 137, 138, 139, 143, 157, 161, 166, 177
Erogene Zone 64, *63, 128*
Eros 65, *35, 101, 167*
Erstinterview (*Erstgespräch*) 65, *23, 61, 89, 95*
Es 65, *17, 18, 21, 45, 83, 91, 102, 169, 171*
Exploration 22, 61
Externalisierung 66, *30, 54, 133, 156*
Extremtraumatisierung 67, *88*

Falsches Selbst 149, *38, 41, 73, 74, 150*
Fehlleistung 68, *12, 15, 59, 90, 98, 157, 174, 179*
Fetischismus 68, *85, 168*
Fixierung 68, *21, 32, 50, 51, 61, 82, 85, 103, 133, 136, 164*
Fokaltherapie 69, *23, 100, 140*
Fokus 69
Folter 67, 88, 102
Fragmentierung 69, *61, 96, 180*
Frau 48, 68, 127, 128, 129
Freie Assoziation 42, *13, 15, 59, 76, 156, 160, 165*

Freie Einfälle 62, 42, *13, 14, 24, 42, 72, 76, 94*
Fremd(es) 70, *9, 38, 73*
Fremde Geste 73, *38, 113*
»*Freudscher*« *Versprecher 68, 174*
Frühe Ich-Störung 70, 83
Frühe oder primitive Abwehrmechanismen 31, *69, 125, 154*
Frühe Triangulierung 122, 131, 167, 173
Früher oder prägenitaler Ödipuskomplex 121, *131, 167*
Frühkindheit 18, 19, 22, 31, 34, 35, 38, 43, 45, 49, 51, 53, 57, 62, 63, 73, 75, 77, 79, 86, 90, 91, 94, 116, 119, 120, 121, 122, 123, 133, 151, 163, 168, 170
Frühstörung 70, *22, 35, 37, 49, 77, 83, 136, 137, 180*
Frustration 71, *35, 49, 57, 58, 115, 120, 122, 158, 179*
Frustrationstoleranz 49, 71, 84, 86
Fürsorge 47, 77, 153
Fundamentalismus 74, *113*
Furor sanandi 71

Gebärneid 96
Gedächtnis 30, 38, 48, 53
Gedanken 12, 15, 24, 37, 39, 42, 51, 60, 76, 92, 94, 96, 105, 106, 115, 122, 132, 133, 137, 141, 171, 174, 175
Gegenübertragung 72, *13, 29, 59, 99, 111, 119, 134, 139, 140, 162, 176*
Genetisch 18, 33, 48, 81, 136
Genetische Deutung 60
Genitalität, Genitale Phase oder Genitalorganisation 73,

63, 64, 68, 102, 128, 130, 137, 153
Geschlecht 13, 24, 32, 48, 80, 96, 121, 140, 173
Geschlechtsakt/Geschlechtsverkehr 35, 172
Geste, fremde 73, 38, 113
Geste, spontane 74, 106, 110, 113
Gesundheit 19, 21, 27, 39, 58, 64, 90, 91, 108, 114, 121, 131, 138, 151, 162, 164, 172
Gesunder Narzißmus 19, 70, 109, 110, 147
Gesundung 21, 27, 138, 145
Gewalt 27, 49, 67, 75, 88, 95, 102, 122, 147, 153, 172, 179
Gewalt, sexuelle 49, 67, 88, 95, 102, 153
Gewissen 74, 18, 83, 147, 163, 169
Gier 74, 51, 75, 127
Gleichgewicht 12, 17, 27, 58, 63, 80, 107, 154, 156, 170, 177
Gleichschwebende Aufmerksamkeit 42, 13, 59, 113
Grenze(n) 13, 17, 44, 48, 51, 57, 70, 78, 93, 109, 113, 120, 121, 122, 137, 141, 147, 152, 158, 171
Größenphantasie 25, 76, 84
Größen-Selbst 75, 84, 86, 110, 149, 156
Größenwahn 76
Grundregel 76, 13, 42, 140
Grundstörung 77, 71, 79, 157
Gruppe 23, 27, 46, 77, 94, 133, 155, 159
Gruppenpsychotherapie, psychoanalytische 77, 23, 139, 153
Gutes/böses Objekt 115, 50, 56, 75, 86, 91, 94, 116, 117, 118, 119, 120, 124, 127, 155, 172

Halten 77, 18, 37, 44, 52, 78, 108, 109, 140, 149, 172
Haß 78, 38, 39, 55, 56, 115, 116, 121, 125, 155, 173
Haut 44, 64, 74, 108, 118, 123
Heilung 21, 22, 71, 138, 145
Helfersyndrom 79
Hilfe 12, 14, 16, 35, 44, 51, 74, 98, 140, 141, 144, 145, 150, 156, 157, 158, 161
Hilflosigkeit 37, 55, 79, 87, 88, 123, 144
Hilfs-Ich 79, 78
Hinreichend gut 34, 74, 77, 109, 122, 149, 150
Hinreichend gute Mutter 109, 108, 122
Hinreichend gutes Selbst 150
Hoffnung 90, 172
Hoffnungslosigkeit 55
Homöostase 80, 154, 177
Homosexualität 80, 48
Humor 81, 19
Hunger 50, 56, 106, 118, 124, 130, 151, 155
Hypochondrie 81, 40, 130
Hysterie 82, 22, 81, 83, 99

Ich 83, 17, 20, 21, 45, 47, 51, 54, 56, 65, 66, 70, 74, 79, 81, 84, 85, 86, 88, 89, 91, 92, 102, 103, 123, 132, 136, 142, 149, 150, 154, 157, 161, 165, 166, 168, 169, 171
Ich-Defekt/Frühe Ich-Störung 83, 21, 71, 157
Ich-dyston 51, 86
Ich-Funktion 84, 21, 30, 34, 41, 45, 47, 48, 83, 84, 85, 91, 97, 142, 177
Ich-Ideal 84, 17, 18, 83, 86, 88, 147, 169
Ich-Psychologie 84, 16, 17, 107, 119, 152, 167

Ich-Schwäche 85, *38, 49, 79, 105*
Ich-Spaltung 85
Ich-Spaltung, therapeutische 42, 85, 155
Ich-Stärke 86, *38, 85, 177*
Ich-synton 86, *51, 110*
Ich-Trieb 150
Ideal-Ich 86, *76, 84, 104, 169*
Idealisierende Übertragung 170, *152*
Idealisierte Elternimago 62, *63, 87, 149, 170*
Idealisierung 87, *31, 58, 63, 84, 86, 104, 109, 110, 112, 123, 125, 128, 159, 169*
Identifizierung 87, *15, 29, 33, 44, 52, 57, 72, 73, 81, 88, 89, 93, 94, 116, 121, 134*
Identifizierung, adhaesive 44
Identifizierung mit dem Angreifer (*Aggressor*) 88, *31*
Identifizierung, projektive 133, *31, 33, 112, 122, 125, 134, 137, 163*
Identität 88, *18, 32, 33, 45, 48, 52, 70, 83, 116, 121, 129, 149, 165*
Imitation 89, *88*
Indikation 89, *23, 60, 65, 95, 102, 138, 139, 140, 177*
Individuum 11, 12, 14, 26, 27, 33, 50, 52, 62, 84, 85, 87, 95, 99, 100, 104, 126, 145, 150, 151, 154, 157, 160, 161, 162, 166, 173, 177
Individuation 89, *27, 45, 64, 90, 103, 151*
Inhalt, latenter 90, *16, 42, 53, 59, 165*
Inhalt, manifester 90, *163, 165, 166*
Inhalt, seelischer 15, 16, 30, 38, 42, 46, 48, 53, 59, 61, 72, 82, 90, 132, 134, 141, 160, 163, 165, 170, 171, 174, 175, 179
Initialtraum 90
Inkorporation 90, *75, 93, 124*
Inneres Objekt 116, *19, 22, 32, 45, 49, 63, 66, 69, 72, 87, 91, 92, 94, 98, 103, 112, 114, 115, 118, 120, 124, 127, 142, 144, 151, 165, 168, 176*
Instanzenmodell 91, *17, 41, 45, 65, 83, 97, 107, 169, 171*
Institutionalisierte Abwehr 29, *66*
Integration 91, *41, 47, 49, 52, 60, 61, 73, 78, 92, 110, 139, 177*
Integrität 74, 144
Intellektualisierung 92, *24, 141*
Interaktion 92, *12, 17, 60, 89, 120, 132, 133, 137, 144, 149, 152, 162, 176, 179*
Internalisierung 92, *119, 159, 176*
Interpersonale Abwehr 29, *66*
Intersubjektivität 93, *19, 27, 89, 98, 121, 154, 162*
Intervention 93, *59, 138*
Intervision 94
Introjektion 94, *30, 31, 86, 90, 93*
Introspektion 94, *60, 62, 176*
Inzest, realer 95
Inzestphantasie 95
Inzesttabu/Inzestschranke 95, *162*
Isolierung 96, *31*

Kastration 96
Kastrationsangst 97, *68, 96*
Klaustrophobie 97, *36, 130*
Klebrigkeit der Libido 103
Kompromiß 97, *20, 27, 49, 69, 76, 98, 99, 112, 130, 161, 175, 179*

Konflikt 98, *14, 20, 21, 23, 24, 27, 30, 31, 36, 39, 40, 45, 46, 47, 50, 53, 57, 60, 62, 65, 66, 68, 69, 70, 79, 82, 85, 90, 92, 97, 99, 102, 105, 113, 119, 121, 124, 130, 131, 139, 140, 143, 146, 148, 154, 156, 161, 162, 165, 166, 172, 173, 177, 178*
Konfrontation 93
Konkretismus 90, 115, 116, 161
Konstruktion 98, *99, 142, 143, 155*
Kontrolle 17, 21, 31, 36, 37, 38, 39, 49, 73, 80, 83, 84, 88, 96, 104, 122, 134, 148, 180
Konzept 7, 8, 11, 23, 41, 44, 51, 52, 64, 77, 106, 120, 121, 127, 128, 149, 164, 167, 168, 169, 170, 178
Konversion 99, *82, 154*
Konversionshysterie 82
Krankheit 11, 18, 19, 20, 21, 22, 25, 31, 39, 43, 81, 82, 89, 104, 114, 126, 130, 135, 136, 138, 145, 152, 154
Krankheitsgewinn, primärer 99
Krankheitsgewinn, sekundärer 99
Krankheitslehre 11, 19, 22, 40, 114, 126, 136, 138, 139
Kreativität 100, *19, 20, 28, 58, 66, 68, 108, 143, 158, 160, 161, 166, 169, 177*
Kumulatives Trauma 166
Kurzpsychotherapie 100, *23, 69, 77, 140*

Latenter Inhalt 90, 16, *42, 53, 59, 165*
Latenzzeit 100, *18, 63, 64, 73*
Lebenstrieb(e) 101, *31, 65, 67, 69, 84, 111, 150, 163, 167*
Lehranalyse 101, *15, 95, 150*

Leiden 101, *27, 88, 102, 103, 104, 148*
Leidensdruck 102, *13, 20, 51, 61*
Libidinöse infantile Entwicklung 63
Libido 102, *34, 35, 47, 63, 64, 88, 97, 103, 162*
Libido, Klebrigkeit der 103
Liebe 26, 38, 53, 55, 56, 65, 68, 77, 78, 79, 80, 97, 101, 104, 112, 120, 137, 145, 154, 162, 172, 173
Liebesobjekt 68, 80, 97, 173
Loslösung 103, *18, 32, 63, 68, 82, 87, 90, 151, 158,*
Lust 17, 39, 44, 63, 64, 80, 81, 85, 101, 107, 114, 123, 141, 146, 153, 162, 172
Lustprinzip 103, *17, 65, 85, 107, 132, 141, 142, 172*

Männlich 48, 68, 96, 109, 128, 129
Mangel 21, 38, 49, 57, 74, 75, 82, 85, 122, 125, 145, 147
Mangel-/Defizitmodell 84, 145, 157
Manie 103, *104*
Manifester Inhalt 90, *163, 165, 166*
Manisch-Depressives Syndrom 104, *103, 137*
Manische Abwehrmechanismen 104, *57, 173, 175*
Masochismus 104, *39, 50, 102, 105, 111, 128, 146*
Masse 27,33, 87, 133, 143
Mehrfache Determinierung 59, *165*
Meisterung 105, *20, 21, 47, 53, 92, 105, 166*
Melancholie 105, *103, 164*
Mentalisierung 105, *52, 115*

Metapsychologie 106, *11, 16, 77*
Metapher 46, *52, 66, 96, 107, 161*
Minderwertigkeitsgefühl 29, *76, 127, 147*
Mißbrauch, sexueller, siehe: Sexuelle Gewalt
Mißtrauen 124, *172*
Modell(vorstellung) 16, *17, 41, 51, 55, 65, 83, 84, 90, 91, 105, 106, 107, 133, 137, 145, 157, 171*
Modell, Instanzen- 91, *17, 41, 45, 65, 83, 97, 107, 169, 171*
Modell, ökonomisches 107, *17, 41*
Modell, topisches 107, *16, 17, 91, 170*
Modell, Struktur- *17, 84, 91, 106*
Möglichkeitsraum 107, *26, 74, 156, 168*
Motiv(ation) *17, 21, 59, 61, 69, 90, 107, 138, 141*
Mütterlichkeit, primäre 108, *43, 52, 122, 173*
Mutter 108, *22, 33, 34, 43, 50-52, 71, 73-75, 78, 79, 90, 95, 97, 105, 106, 109, 112, 114, 115, 117, 118, 120-122, 125, 128, 131, 133f., 145, 155, 160, 166, 168, 170, 173, 174, 176*
Mutter, hinreichend gute 109, *108, 122*
Mutter-Kind-Beziehung *22, 33, 43, 50, 51, 62, 63, 68, 74, 75, 78, 80, 90, 108, 109, 114, 120, 122, 133, 134, 145, 160, 163, 168, 173*

Nachträglichkeit 109, *36, 38, 54, 143*
Narzißmus 109, *17, 19, 43, 63, 75, 87, 107, 110, 123, 127, 128, 168, 179*
Narzißmus, gesunder 19, *70, 109, 110, 147*
Narzißmus negativer 87, *110*
Narzißmus, pathologischer *109, 110, 128*
Narzißmus, primärer 43, *63, 75*
Narzißtische Persönlichkeit/ Narzißtische Persönlichkeitsstörung 127
Narzißtische Wut 179, *110*
Nationalsozialismus 67
Negativ 34, *35, 78, 87, 105, 109, 110, 111, 121, 177*
Negative therapeutische Reaktion 110, *105*
Negativer Narzißmus 87, *110*
Negativer Ödipuskomplex 121
Neid 111, *53, 96, 112, 123, 126, 127*
Neugier *51, 98, 113, 158*
Neurasthenie 112, *37*
Neurose 112, *20, 21, 22, 27, 30, 36, 37, 40, 43, 47, 48, 54, 64, 71, 99, 113, 130, 137, 139, 140. 161, 177, 179, 180*
Neutralität 113, *24, 29, 72*
Nicht-Ich *70, 158, 160, 168*
Nicht-Wissen 113, *42*
Nirwanaprinzip 114, *103, 142, 164*
Nosologie 114, *126, 136*

Objekt 114, *18, 19, 31, 34, 38, 39, 40, 44, 45, 47, 50, 53, 55, 56, 60, 66, 68, 74, 75, 77, 78, 79, 81, 83, 84, 86, 87, 88, 89, 90, 92, 93, 94, 98, 102, 103, 104, 106, 110, 112, 114, 115, 116, 117, 120, 122, 124, 125, 130, 132, 133, 134, 136, 137, 144, 155, 158, 162, 164, 165, 167, 168, 170, 173, 175, 177*

Objekt, äußeres 114, *19, 34, 37, 38, 44, 45, 74, 88, 115, 117, 168*
Objekt, gutes/böses 115, *55, 56, 75, 86, 87, 91, 94, 111, 116, 118, 124, 127, 130, 155*
Objekt, inneres 116, *19, 22, 32, 45, 49, 60, 63, 66, 69, 72, 87, 91, 92, 94, 98, 103, 112, 114, 115, 118, 120, 124, 127, 142, 144, 151, 165, 168, 176, 179*
Objekt, partiales/ganzes 116, *50, 56, 108, 117, 118, 155*
Objekt, primäres 117, *105, 118, 158*
Objekt, Selbst- 151, *63, 64, 74, 78, 120, 123, 126, 152, 156, 160, 179*
Objekt, Übergangs- 168, *169*
Objektbeziehung 118, *18, 26, 49, 50, 56, 63, 64, 73, 77, 82, 84, 85, 86, 99, 101, 105, 110, 119, 123, 124, 125, 127, 136, 142, 144, 151, 157, 170*
Objektbeziehungs-Psychologie 118, *16, 18, 19, 82, 84, 136, 152, 167*
Objektbeziehungstheorie 118, *60, 73, 86, 119, 120, 144*
Objektkonstanz 119
Objektliebe 53, 68, 80, 97, 120, 173, 175
Objektliebe, primäre 120, *97*
Objekt-Repräsentanz 120 *47, 92, 94, 102, 119*
Objektwahl 80, 128, 130
Ödipale Konstellation 63, 64, 70, 80, 82, 95, 97, 98, 100, 112, 121, 129, 131, 162, 166, 172, 173
Ödipuskomplex 120, *21, 73, 95, 96, 97, 108, 121, 169, 172*
Ödipuskomplex, früher oder prägenitaler 121, *118, 131, 167, 174*
Ödipuskomplex, negativer 121
Ökonomisches Modell 107, *17, 41*
Ohnmacht 37, 87, 123, 159
Omnipotente Kontrolle des Objekts 122, *31, 39, 104, 159*
Omnipotenz 122, *31, 37, 76, 88, 104, 110, 112, 123, 128*
Oraler Charakter 51
Oralität/orale Phase 123, *39, 50, 51, 63, 64, 69, 73, 75, 82, 94, 102, 112, 122, 130, 146, 154*

Paranoia 114, *137*
Paranoid 81, 124, 125, 133
Paranoide Abwehrmechanismen 124, *57*
Paranoid-schizoide Position 125, *31, 43, 55, 56, 57, 124, 126, 131*
Parentifizierung 126
Partial-Objekt / Ganzes Objekt 116, *50, 56, 108, 117, 118, 155*
Pathologie 126, *14, 44, 49, 74, 109, 110, 114, 128, 136, 137, 146, 152, 153, 164, 168, 178*
Pathologischer Narzißmus 109, 110, 128
Patient 13, 14, 15, 19, 20, 21, 22, 23, 24, 25, 26, 29, 32, 34, 35, 36, 39, 42, 43, 46, 49, 51, 52, 53, 59, 60, 61, 62, 65, 71, 72, 76, 77, 79, 81, 85, 86, 89, 92, 93, 95, 99, 110, 111, 113, 114, 119, 134, 135, 139, 140, 143, 145, 150, 152, 155, 156, 159, 165, 178
Penis 64, 68, 96, 97, 127, 128, 129
Penisneid 126, *96, 126, 127*

Persönlichkeit, narzißtische 127
Persönlichkeitsstörung, narzißtische 127
Perversion 128, *68, 71, 80, 146*
Phallisch 128, *63, 64, 73, 102, 129, 130, 172*
Phallozentrisch 129, *96, 126,*
Phallus 129, *97, 128,*
Phantasie 12, 14, 19, 25, 26, 40, 58, 63, 66, 75, 82, 90, 94, 95, 100, 104, 115, 116, 118, 119, 120, 121, 122, 123, 124, 128, 130, 141, 155, 159, 163, 168, 170, 171, 172, 174, 177
Phantasie, unbewußte 129, *25, 40, 81, 82, 92, 96, 171*
Phobie 130, *22, 36, 40, 82, 96, 97, 124*
Phobie, soziale 124, 130
Position 130, *31, 38, 43, 44, 47, 55, 56, 57, 78, 104, 105, 123, 124, 125, 126, 131, 172, 173, 177*
Potentieller Raum 107, *26, 74, 156, 168*
Präödipalität 131, *19, 63, 71, 167, 169*
Primäre Mütterlichkeit 108, *43, 52, 122, 173*
Primäre Objektliebe 120, *97*
Primärer Krankheitsgewinn 99
Primärer Narzißmus 43, 63, 75
Primäres Objekt 117, *105, 118, 158*
Primärprozeß 132, *17, 49, 65, 148, 166, 175*
Probehandeln 132, *35, 142, 156, 161*
Progression 132, *143*
Projektion 132, *20, 30, 31, 54, 56, 66, 70, 78, 94, 97, 115, 116, 122, 124, 125, 133, 134, 155*

Projektive Identifizierung 133, *31, 33, 112, 122, 125, 134, 137, 163*
Psychiatrie 135, *22, 40, 61, 83, 125, 136*
Psychische Determiniertheit 59, *14, 83, 161*
Psychischer Apparat 41, *48, 91, 107, 170*
Psychoanalytische Gruppenpsychotherapie 77, *23, 139, 153*
Psychoanalytische Spieltechnik 156, *157*
Psychologie 135, *7, 11, 16, 17, 18, 19, 27, 59, 61, 62, 65, 80, 84, 90, 93, 105, 106, 119, 136, 138, 149, 152, 162, 166, 167, 179*
Psychologischer Psychotherapeut 136, 138
Psychopathologie 136, *40, 68, 126, 137*
Psychose 136, *22, 37, 48, 69, 81, 85, 92, 104, 113, 124, 137, 142, 180*
Psychosexualität 137, *80, 100, 123*
Psychosexuelle Entwicklung 64 *38, 73, 80, 100, 123, 146, 154*
Psychosomatik, 138, *20, 22, 53, 71, 154, 161*
Psychosomatische Grundversorgung 138
Psychosozial 29, 48, 57, 89, 127, 135, 136, 159
Psychotherapeut 19, 60, 72, 78, 79, 89, 94, 113, 119, 156, 170
Psychotherapeut, psychologischer 136, 138
Psychotherapie 138, *8, 9, 13, 22, 23, 25, 27, 42, 51, 53, 61, 62, 69, 89, 92, 95, 98, 100,*

101, 102, 110, 127, 130, 140, 152, 155, 165, 177
Psychotherapie, analytische 139
Psychotherapie, tiefenpsychologisch fundierte 139, *23*
Psychotherapiemotivation 61, 138
Pubertät 140, *18, 32, 63, 64, 73, 100*

Rache 75, 133, 144, 159
Rahmen der Behandlung 140, *29, 42, 76, 153, 173*
Rationalisierung 141, *92*
Reaktion 12, 13, 31, 40. 43, 51, 67, 71, 72, 79, 83, 103, 137, 142, 147, 149, 155, 164, 166, 170, 177, 179, 180
Reaktion, negative, therapeutische 110, *105*
Reaktionsbildung 141, *30, 50, 87, 175*
Realität 17, 22, 24, 26, 40, 45, 54, 58, 78, 81, 82, 84, 95, 110, 114, 117, 118, 119, 122, 136, 142, 144, 147, 148, 151, 156, 161, 165, 168, 172, 174, 175, 177
Realitätsprinzip 17, 26, 58, 83, 103, 107, 123, 132, 137, 141, 148
Realitäts- vs. Lustprinzip 141, *103, 107*
Realitätsprüfung 142, *48, 49, 83, 84, 85, 86, 87*
Regression 142, *31, 49, 83, 132, 136, 139, 140, 143*
Regulation 17, 21, 29, 30, 31, 34, 41, 47, 54, 70, 80, 83, 84, 92, 107, 114, 127, 141, 147, 152, 154, 157, 159, 172
Reinszenierung 143, *65, 98, 162, 176, 178*

Rekonstruktion 143, *14, 25, 60, 93, 99*
Religion 143, *15, 27, 45, 66, 107, 144, 168, 169*
Repräsentanz 144, *46, 81, 92, 94, 102, 106, 109, 114, 116, 118, 119, 120, 149, 152*
Resonanz 18, 19, 25, 34, 62, 74, 106, 156
Ressentiment 144, *127*
Ressourcen 145, *83, 84, 105*
Reverie 145, *43, 52, 108*

Sachvorstellung/Dingvorstellung 61, *146, 179*
Sadismus 146, *45, 112, 122, 123, 128*
Sadomasochismus 146, *39, 50, 128*
Scham 147, *30, 33, 84, 144, 148, 173*
Schizo-paranoide Position 125
Schmerz 30, 33, 59, 81, 102, 103, 104, 114, 142, 146, 155, 164, 173, 175
Schuld 147, *45, 74, 111, 144, 148, 177*
Schuldempfinden 30, 33, 47, 53, 55, 56, 57, 81, 104, 105, 111, 134, 147, 159, 169, 77
Schuldgefühl, unbewusstes 148, *102, 105, 157, 159, 169*
Schutz(funktion) 12, 30, 38, 40, 43, 67, 162
Schweigen 25, 76, 93
Sekundäre Bearbeitung 46, *166, 179*
Sekundärer Krankheitsgewinn 99
Sekundärprozeß 148, *132*
Selbst 149, *11, 12, 13, 14, 18, 19, 21, 25, 26, 32, 38, 41, 43, 44, 51, 54, 55, 57, 58, 60, 61, 62, 64, 66, 69, 71, 74, 75, 76,*

197

77, 78, 79, 80, 83, 86, 87, 88, 89, 92, 93, 94, 95, 98, 101, 103, 105, 106, 109, 110, 112, 115, 117, 119, 120, 123, 124, 126, 127, 130, 132, 133, 136, 137, 144, 147, 151-153, 155, 156, 157, 158, 159, 162, 168, 169, 170, 172, 173, 175, 179
Selbst, bipolares 149
Selbst, Falsches 149, *38, 41, 73, 74, 150*
Selbst, hinreichend gutes 150
Selbst, Wahres 150, *74, 150*
Selbstanalyse 150, *12, 25, 101, 154*
Selbstbehauptung 35, 76, 83, 110, 149
Selbstbewußtsein 48, 149
Selbstentfremdung 43, 51
Selbsterfahrung 26, 79, 101
Selbsterhaltungs- oder Ich-Trieb 150, *31, 101, 145, 151, 153, 167, 180*
Selbstheilungstendenz 21, 71, 72, 145
Selbst-Konstanz 110, 120
Selbstmord, siehe: Suizid
Selbstobjekt 151, *63, 64, 74, 78, 120, 123, 126, 151, 152, 156, 160, 179*
Selbst-Objekt-Differenzierung 158, *160, 168*
Selbstobjekt-Psychologie 152
Selbstobjekt-Übertragung 152
Selbst-Psychologie 152, *16, 19, 62, 84, 86, 107, 119, 149, 151, 156, 167, 170, 179*
Selbst-Repräsentanz 152, *47, 92, 144, 149*
Selbstsicherheit 78
Selbsttäuschung 12, 21, 58
Selbstverborgenheit 13, 76
Selbstverletzung 152, *21, 44, 82, 145, 148, 153, 176*

Separation 103
Setting 153, *23, 42, 140*
Sexualität 137, *17, 33, 36, 48, 63, 64, 68, 73, 80, 95, 96, 100, 104, 107, 112, 123, 128, 130, 146, 153, 154, 158, 162, 172*
Sexualtrieb 153, *17, 35, 101, 154, 167*
Sexuelle Gewalt 49, 67, 88, 95, 102, 153, 172
Sexueller Mißbrauch, siehe: Sexuelle Gewalt
Sicherheit 17, 24, 29, 30, 34, 52, 78, 79, 80, 107, 113, 127, 129, 140, 154, 168, 172, 178
Sicherheitsprinzip 154, *17, 107*
Signal 33, 52, 105, 106, 133, 158, 163
Signalangst 169
Sinn 154, *12, 14, 20, 21, 34, 51, 59, 68, 73, 74, 106, 109, 117, 133, 161, 162*
Sohn 95, *112, 120, 121, 173*
Somatisierung 154, *20, 22, 40, 52, 55, 71, 99, 138*
Soziale Phobie 124, 130
Spaltung 154, *31, 42, 49, 54, 56, 61, 69, 85, 91, 94, 96, 112, 116, 124, 125, 139, 155*
Spannung(en) 13, 20, 30, 67, 73, 76, 81, 98, 102, 103, 106, 112, 114, 118, 153, 154, 155, 163, 167, 172
Spiegeln 155, *17, 34, 107, 151, 152, 156*
Spiegelübertragung 156, *76, 152*
Spielen 156, *22, 26, 58, 66, 100, 107, 113, 132, 154, 169, 178*
Spieltechnik, psychoanalytische 156
Spontane Geste 74, *106, 110, 113*
Sterblichkeit 96

Störung, strukturelle 157, *49, 71, 77, 79, 82, 122, 140*
Strafe 97, 148, 157
Strafbedürfnis 157, *102, 105, 148, 153, 159, 165*
Struktur(ierung) 25, 26, 32, 41, 49, 50, 61, 62, 65, 77, 92, 102, 109, 110, 119, 122, 124, 125, 126, 128, 130, 139, 140, 149, 155, 173
Strukturelle Störung 157, *49, 71, 77, 79, 82, 122, 140*
Strukturmodell 91, *17, 21, 41, 65, 83, 84, 106*
Subjekt 17, 18, 19, 26, 27, 30, 33, 45, 66, 80, 84, 86, 88, 92, 93, 94, 99, 104, 108, 111, 112, 114, 116, 117, 118, 120, 132, 133, 141, 142, 146, 149, 150, 155, 158, 163, 164, 165, 170, 171, 173, 174, 175
Subjekt-Objekt-Differenzierung 158, *57, 83, 103, 115, 117, 120, 151, 160, 168*
Sublimierung 158, *35, 73, 80, 100, 154*
Suizid 158, *55, 87, 151, 153, 159*
Supervision 159, *22, 46, 79, 94*
Symbiose 160, *78, 80, 90, 103, 158, 173*
Symbol 160, *15, 35, 43, 50, 53, 72, 81, 82, 88, 90, 95, 96, 129, 130, 132, 144, 154, 161, 164*
Symbolbildung/Symbolisierung 160, *20, 86, 100, 158, 161, 173*
Symptom 161, *15, 20, 21, 26, 32, 40, 48, 49, 51, 52, 59, 81, 83, 90, 98, 99, 103, 110, 130, 136, 140, 152, 154, 176, 179, 180*
Symptombildung 161, *36, 54, 59, 68, 112, 160, 177*
Symptomwahl 161, *162*

Szene 162, *14, 19, 25, 46, 65, 92, 98, 119, 143, 144, 172, 176, 178*
Szenisches Verstehen 176

Tabu 162, *95, 163*
Tagesreste 163, *166*
Theorie 8, 9, 11, 16, 19, 22, 33, 63, 72, 73, 82, 84, 106, 115, 116, 119, 146, 163, 167, 170
Theory of Mind (ToM) 163
Therapeutische Beziehung 13, 14, 29, 41, 42, 46, 59, 60, 61, 65, 66, 113, 140, 162, 178
Therapeutische Ich-Spaltung 42, 85, 155
Therapeutische Zurückhaltung 13, 15, 24, 113
Tiefenpsychologisch fundierte Psychotherapie 139, *23*
Tochter 95, 173
Tod 37, 57, 96, 159, 162, 164, 171, 175
Todestrieb 163, *35, 58, 65, 111, 114, 125, 128, 164, 167*
Topisches Modell 107, *16, 17, 91, 170*
Transgenerationale seelische Vererbung 67
Trauer 164, *27, 30, 33, 47, 55, 175*
Trauerarbeit 164, *27, 47, 166, 175*
Traum 165, *32, 35, 42, 46, 59, 66, 90, 141, 142, 160, 163, 166, 176*
Trauma 165, *20, 31, 35, 36, 37, 40, 47, 53, 54, 61, 67, 71, 85, 88, 98, 102, 103, 109, 119, 141, 143, 157, 175, 178*
Trauma, kumulatives 166
Traumarbeit 166, *46, 160, 163, 165*
Trennung 45, 57, 78, 103, 108,

120, 123, 126, 128, 151, 158, 165, 168, 173, 174
Triangulierung 166, *108, 109, 118, 119, 122, 131*
Triangulierung, frühe 122, 131, 167, 174
Trieb 167, *17, 18, 21, 30, 35, 58, 65, 73, 83, 84, 98, 101, 107, 111, 112, 118, 128, 129, 130, 142, 146, 150, 153, 158, 161, 162, 163, 164, 168, 174, 179*
Trieb-Psychologie 167, *16, 84, 119, 152*

Überdeterminierung 59, *165*
Übergangsobjekt 168, *169*
Übergangsphänomen 168
Übergangsraum 107, *26, 74, 156, 168*
Übergriff 24, 38, 74, 141, 149
Über-Ich 169, *17, 18, 30, 45, 72, 74, 84, 88, 94, 99, 118, 147, 149, 153, 171, 174*
Über-Ich-System 74, 84, 169
Übertragung 169, *9, 13, 14, 24, 25, 29, 36, 42, 59, 60, 66, 69, 72, 86, 98, 111, 119, 134, 137, 139, 140, 143, 151, 152, 156, 162, 170, 176*
Übertragung, idealisierende 170, *152*
Übertragungsdeutung 60, *170*
Unbewußt(es) 170, *9, 11, 12, 13, 14, 15, 16, 17, 18, 24, 30, 40, 42, 43, 46, 54, 59, 62, 66, 68, 70, 81, 82, 83, 88, 90, 94, 96, 98, 107, 125, 129, 130, 134, 139, 140, 142, 143, 146, 147, 148, 156, 157, 159, 160, 162, 165, 166, 169, 171, 174, 176, 177, 178, 179*
Unbewußtes Schuldgefühl 148, *102, 105, 157, 159, 169*
Ungeschehenmachen 171, *31*

Unheimlich 171, *70*
Unlust 172, *17, 30, 34, 56, 80, 81, 103, 107, 114, 141, 155, 164, 174, 179, 180*
Unsicherheit 71, *113, 127*
Urethral 172
Urszene 172, *174*
Urvertrauen 172, *34, 110, 178*

Vater/Väterliches Prinzip 173, *22, 34, 71, 95, 97, 108, 109, 112, 118, 120, 121, 122, 131, 162, 166, 167, 172, 174*
Verächtlichmachung, Verachtung 173, *31, 33, 104, 175*
Verantwortung 26, 45, 47, 62, 74, 86, 147, 148
Verdichtung 174, *15, 90, 132*
Verdrängung 174, *18, 30, 38, 65, 70, 82, 90, 96, 98, 141, 143, 155, 160, 163, 171, 179*
Vereinigte-Eltern-Figur 174
Vererbung, transgenerationale seelische 67
Verfolgung 31, 45, 67, 68, 75, 88, 116, 124, 125, 133
Vergeltung 75, 133, 144, 159
Vergewaltigung 49, 67, 88, 102, 148
Verinnerlichung 18, 19, 45, 49, 61, 75, 92, 93, 94, 98, 127, 143, 144, 152, 162, 169, 176
Verkehrung ins Gegenteil 175, *87, 132, 141*
Verleugnung 175, *31, 104, 112, 164, 173*
Verlust 31, 38, 47, 56, 57, 62, 63, 75, 80, 86, 96, 97, 112, 127, 150, 155, 156, 164, 165, 173
Verneinung 175
Vernichtung 31, 68, 79, 80, 112, 123, 124, 125
Versagen/Versagung 52, 56, 63, 71, 75, 108, 115, 147, 158

Versprecher (»Freudscher«) 68, *174*
Verschiebung 175, *17, 82, 132, 142*
Verstehen 8, *12, 14, 15, 60, 62, 106, 134, 139, 145, 158, 176*
Verstehen, szenisches 176
Vorbewußtes 176, *15, 16, 81, 107, 146, 163, 171, 175, 179*

Wahn/Wahnvorstellung 12, *76, 81, 105, 124, 133, 137, 142*
Wahres Selbst 150, *74*
Wahrnehmung 176, *11, 12, 14, 19, 30, 33, 44, 48, 51, 52, 54, 58, 84, 87, 90, 94, 95, 111, 112, 115, 116, 117, 118, 132, 133, 134, 136, 137, 144, 155, 158, 161, 163, 164, 170, 172, 173, 174, 175, 178*
Weiblich 48, *64, 68, 73, 96, 121, 127, 129*
Wendung gegen die eigene Person 176, *44, 159, 175*
Widerspruch 17, 19, 38, 132
Widerstand 177, *12, 13, 14, 17, 24, 36, 59, 76, 98, 100, 139, 140, 171*
Wiedergutmachung 177, *45, 47, 56, 86*
Wiederholung 177, *24, 25, 36, 61, 62, 66, 119, 144, 154, 161, 178*
Wiederholungsprinzip 178, *177*

Wiederholungszwang 178, *69, 129, 143, 145, 165, 169, 176, 179*
Wiederkehr des Verdrängten 178, *98*
Wirklichkeit (äußere) 54, *55, 58, 69, 107, 117, 120, 141, 142, 148, 150, 151, 156, 158*
Wirklichkeit, seelische (innere) 16, *23, 69, 87, 107, 142, 147, 148*
Wirkmächtigkeit 34
Wortvorstellung 179, *142, 146*
Wunsch 29, *51, 85, 129, 132, 165, 175*
Wunscherfüllung 129, *132, 165*
Wut 30, *33, 50, 55, 56, 75, 78, 79, 110, 115, 125, 127, 134, 164, 179*
Wut, narzißtische 179, *110*

Zensur 13, 18, 169
Zerstörung 56, *58, 67, 75, 78, 145, 166, 167, 173, 177*
Zivilcourage 35
Zuwendung 53, *79, 99, 122*
Zurückhaltung, therapeutische 13, 15, 24, 113
Zwang 179, *39, 49, 62, 68, 74, 129, 143, 145, 168, 178*
Zwangsneurose 180, *22, 37, 38, 81, 144*
Zwangssymptomatik 180, *49, 74, 168*

Wenn Sie weiterlesen möchten ...

Bettina von Jagow / Florian Steger (Hg.)
Literatur und Medizin
Ein Lexikon

Das Interesse an Schnittstellen ist allgemein groß und von akuter gesellschaftlicher Relevanz, so auch im vielfältigen und nicht leicht überschaubaren Feld von Literatur und Medizin. Dieses Lexikon bietet Orientierung und Übersicht. Vom Herausgeberteam mit doppeltem Blick auf das Thema konzipiert, leistet es einen wichtigen Beitrag im Rahmen der humanwissenschaftlichen Grundlagenforschung. Sachlich-systematisch orientiert und alphabetisch angeordnet bietet sich ein einzigartiger Überblick zu einschlägigen Themen, Begriffen und Krankheiten sowie dazu, wie diese in der Literatur von der Antike bis heute repräsentiert sind. In ca. 200 Artikeln von ›Abtreibung‹ bis ›Zwang‹ wird sowohl die medizinhistorische Begriffsgeschichte als auch die geistes-, ideen- und kulturhistorische Bedeutung eines Begriffs in der – vor allem europäischen – Literatur erörtert. Die Artikel schließen mit weiterführenden Literaturhinweisen ab. Personen- und Werkregister erleichtern die Nutzung. Durch seine allgemein verständliche Darstellung bietet das Lexikon eine Fülle von Informationen nicht nur für medizinisch wie literarisch orientierte Fachwissenschaftler, sondern für alle am Thema Interessierten.

»Dem Herausgeberteam ist ein ungewöhnlicher Wurf gelungen: Das Lexikon, sonst Inbegriff trockener Sachinformation – hier ist es ein Lesevergügen!« *Axel Karenberg, Deutsches Ärzteblatt*

»Einen umfassenden und systematischen Überblick über die zahlreichen Schnittstellen von literarischem und medizinischem Diskurs in den europäischen Literaturen von der Antike bis zur Gegenwart gibt ein von Bettina von Jagow und Florian Steger herausgegebenes Lexikon – eine wahre Fundgrube.« *Oliver Pfohlmann, Neue Zürcher Zeitung*

»(...) von der ersten bis zur letzten Seite, also von A bis Z, spannend wie ein Krimi. (...) Ein Lexikon, das man nur wärmstens jedem empfehlen kann, der sich für Literatur und für die Welt interessiert.«
Hanne Kulessa, Hessischer Rundfunk

Zum Weiterlesen und Nachschlagen — V&R

Karl König
Kleine psychoanalytische Charakterkunde
9. unveränderte Auflage 2008.
144 Seiten, kartoniert
ISBN 978-3-525-01417-2

Jeder Mensch empfindet und verhält sich so, wie es seine Charakterstruktur zuläßt. Die narzißtische, schizoide, depressive, zwanghafte, phobische oder hysterische Charakterstruktur sind jeweils Ausdruck eines Grundkonflikts, der früh im Leben ungelöst geblieben ist. Tatsächlich treten diese Charaktertypen bei niemandem in reiner Ausprägung auf; aber der eine oder andere herrscht doch vor und bestimmt das Erleben und Verhalten des Menschen, seine Berufswahl und Einstellung zur Arbeit, die Partnerwahl und Gestaltung der Ehe, das Freizeitverhalten und die Genußfähigkeit.
König hat das Buch aus reicher klinischer Erfahrung geschrieben. Ein Buch für alle, die für ihr eigenes Verhalten und das ihrer Mitmenschen ein psychoanalytisches Verständnis suchen.

»Mit Sachverstand und großer klinischer Erfahrung führt König auf ebenso fesselnde wie informative Weise ein in die sechs gängigen Charaktertypen.« Intra

Günsel Koptagel-Ilal / Ibrahim Özkan
Wörterbuch Psychiatrie – Psychotherapie. Psikiyatri – Psikoterapi Sözlügü
Deutsch – Türkisch / Türkisch – Deutsch. Almanca – Türkçe / Türkçe – Almanca
2008. 258 Seiten, gebunden
ISBN 978-3-525-49129-4

Beim Kontakt türkischsprechender Menschen mit deutschen Versorgungseinrichtungen im psychiatrischen oder psychosozialen Bereich treten immer wieder Verständigungsprobleme auf. Auch in der Zusammenarbeit oder im Austausch von deutschen und türkischen Fachkollegen fehlen Kenntnisse psychiatrisch-psychologischer Terminologie auf beiden Seiten.

Das umfassende, an der Alltagspraxis orientierte Wörterbuch mit je 5600 Begriffen soll helfen, diese Barrieren zu überwinden. Darüber hinaus ist dieses Nachschlagewerk anderen Berufsgruppen wie Juristen, Diplomaten, der Polizei oder professionellen Übersetzern von Nutzen. .

Vandenhoeck & Ruprecht

Zum Weiterlesen empfohlen   V&R

Gerald Hüther
Bedienungsanleitung für ein menschliches Gehirn
8. Auflage 2009. 139 Seiten, kartoniert
ISBN 978-3-525-01464-6

Nach den neuesten Erkenntnissen der Hirnforscher hat die Art und Weise der Nutzung des Gehirns einen entscheidenden Einfluss darauf, welche neuronalen Verschaltungen angelegt und stabilisiert oder auch destabilisiert werden. Die innere Struktur und Organisation des Gehirns passt sich also an seine konkrete Benutzung an.
Wenn das Gehirn eines Menschen aber so wird, wie es gebraucht wird und bisher gebraucht wurde, dann stellt sich die Frage, wie wir eigentlich mit unserem Gehirn umgehen müssten, damit es zur vollen Entfaltung der in ihm angelegten Möglichkeiten kommen kann.
In einer leicht lesbaren, bildreichen Sprache geht der Neurobiologe Gerald Hüther diesem Fragenkomplex nach und gelangt zu Erkenntnissen, die unser gegenwärtiges Weltbild erschüttern und die uns zwingen, etwas zu übernehmen, was wir bisher allzu gern an andere Instanzen abgegeben haben: Verantwortung.

Regine Alegiani
Die späte Suche nach Grund
Eine analytische Psychotherapie im höheren Alter
Mit einem Vorwort von Gerd Lehmkuhl.
2009. 128 Seiten, kartoniert
ISBN 978-3-525-40151-4

Eine analytische Therapie im Alter stellt immer noch die Ausnahme dar. Dieser Bericht aus Patientensicht widerlegt, dass der alte Mensch in seinem Wesen unverrückbar festgelegt sei.

Mit 69 Jahren entschließt sich Regine Alegiani zu einer analytischen Psychotherapie und trifft auf einen Analytiker, der sich trotz ihres Alters darauf einlässt. Vor dem Hintergrund der Diagnose einer Borderline-Persönlichkeitsstörung werden aus der Sicht der Patientin wesentliche Phasen der Arbeit an dieser frühen seelischen Störung wiedergegeben, die ihr Leben bis ins Alter hinein beschattete. Der Bericht schildert die Kommunikationslinien und das Beziehungsgeschehen zwischen Analytiker und Patientin. Regine Alegiani besticht durch ein hohes Reflexionsniveau und ihre Gabe zu schreiben.

Vandenhoeck & Ruprecht

Bei Fragen zur Produktsicherheit wenden Sie sich bitte an:
If you have any questions regarding product safety, please contact:

Brill Deutschland GmbH
Robert-Bosch-Breite 10
37079 Göttingen
info@v-r.de